Tarifbildung und IATA-Interlining im Luftverkehr

Europäische Hochschulschriften
Publications Universitaires Européennes
European University Studies

Reihe II
Rechtswissenschaft

Série II Series II
Droit
Law

Bd./Vol. 4626

PETER LANG
Frankfurt am Main · Berlin · Bern · Bruxelles · New York · Oxford · Wien

Ulrich Steppler

Tarifbildung und IATA-Interlining im Luftverkehr

Eine wettbewerbsrechtliche Betrachtung

PETER LANG
Internationaler Verlag der Wissenschaften

Bibliografische Information der Deutschen Nationalbibliothek
Die Deutsche Nationalbibliothek verzeichnet diese Publikation in der Deutschen Nationalbibliografie; detaillierte bibliografische Daten sind im Internet über <http://www.d-nb.de> abrufbar.

ISSN 0531-7312
ISBN 978-3-631-57067-8

www.peterlang.de

Qui suo iure utitur,
nemini facit iniuriam.

VORWORT

Die Masterarbeit von Ulrich Steppler befasst sich mit einem ebenso spannenden wie aktuellen kartellrechtlichen Problem.

Die Luftfahrtunternehmen kooperieren bei der Erstellung von Flugtickets, die es dem Fluggast ermöglichen, mit einem Ticket zu einem Preis Umsteigverbindungen zu nutzen und dabei die Dienste mehrerer Fluggesellschaften in Anspruch zu nehmen. Die Koordinierung wird dabei auf IATA-Tarifkonferenzen vorgenommen, bei denen sich die beteiligten Fluggesellschaften über die Aufteilung des Ticketpreises auf die verschiedenen Beteiligten einigen.

Die EU-Kommission sieht hierin eine unzulässige Preisabsprache nach Art. 81 Abs. 1 EGV und hat durch die Verordnung (EG) Nr. 1459/2006 diese ehemals freigestellte Form der Tarifkonferenzen für den innergemeinschaftlichen Luftverkehr verboten. Eine Gruppenfreistellung nach Art. 81 Abs. 3 EGV für den Verkehr mit Drittstaaten wurde zeitlich begrenzt erteilt.

Herr Steppler vertritt gegenüber dieser Haltung der Kommission in seiner Arbeit die Position der betroffenen Fluggesellschaften, die sich in der Tat eindrucksvoll begründen lässt. Herr Steppler legt dar, dass die vier Voraussetzungen des Art. 81 Abs. 3 EGV gegeben sind und die Kommission somit zu einem anderen Ergebnis hätte kommen müssen. Wesentlich ist dabei, dass die Nachfrager der Leistungen der Fluggesellschaften, die Fluggäste als Verbraucher, von dem bisherigen System doppelt profitieren. Es schafft eine wesentliche Flexibilität, weil der Fluggast die Routen selbst definieren und beliebig umsteigen kann, und es beteiligt ihn auch angemessen am Gewinn, da das kombinierte Ticket preiswerter ist als eine Summe von Einzeltickets verschiedener Fluggesellschaften. Auch das Durchchecken des Gepäcks zum Endpunkt ist ein erheblicher Vorteil für die Verbraucher.

Die EU-Kommission sieht das allerdings auch und meint, durch ein sog. posted-prices-System die Koordinierung der Tarife abwenden zu können. Danach sollen über gemeldete Preise die Ticketpreise festgelegt werden, ohne dass die Fluggesellschaften dabei miteinander kommunizieren. Ähnliches gilt für ein vom Bundeskartellamt favorisiertes Mileage-System. Herr Steppler weist nach, dass diese Systeme in der Praxis weder funktionieren können noch auf die Akzeptanz der beteiligten Fluggesellschaften stoßen werden. Er kommt daher zu dem Ergebnis, dass die Verweigerung einer Gruppenfreistellung durch die EU-Kommission gegen das europäische Recht verstößt.

Da nunmehr allerdings das System der Selbsteinschätzung gilt und die Fluggesellschaften selbst beurteilen müssen, ob sie die Freistellungsvoraussetzungen erfüllen, was wohl zu bejahen ist, wird man sehen müssen, ob die Kommission durch Verbotsverfügungen einschreitet.

Da die Übergangsregelungen im Jahr 2007 mutmaßlich auslaufen, bleibt abzuwarten, ob es zu einem klärenden Verfahren vor dem EuGH kommt. Die Arbeit von Herrn Steppler leistet der Position der Fluggesellschaften in einem solchen Verfahren gute Dienste.

Mainz, im Juni 2007 Prof. Dr. Holger Heinbuch

INHALTSVERZEICHNIS

ABKÜRZUNGSVERZEICHNIS

a.A.	*andere Ansicht*
a.a.O.	*am angegebenen Ort*
ABB	*Allgemeine Beförderungsbedingungen*
abl.	*ablehnend*
ABl.	*Amtsblatt der Europäischen Gemeinschaften*
Abs.	*Absatz*
AG	*Aktiengesellschaft*
AGB	*Allgemeine Geschäftsbedingungen*
Anm.	*Anmerkung*
Art.	*Artikel*
Aufl.	*Auflage*
Az.	*Aktenzeichen*
BA	*British Airways*
BB	*Betriebsberater*
Bd.	*Band*
BGB	*Bürgerliches Gesetzbuch*
BGBl.	*Bundesgesetzblatt*
BGH	*Bundesgerichtshof*
BGHZ	*Entscheidungen des Bundesgerichtshofs in Zivilsachen*
BMWA	*Bundesministerium für Wirtschaft und Arbeit*
BSP	*Billing and Settlement Plan*
BVBW	*Bundesministerium für Verkehr, Bau und Wohnungswesen*
C.A.B.	*Civil Aeronautics Board*
CRA	*Charles River Associates*
CRS	*Computerized Reservation System*
e.V.	*eingetragener Verein*
EG	*Europäische Gemeinschaft(en)*
EGV	*Vertrag der Europäischen Gemeinschaft*
EU	*Europäische Union*
EuG	*Gericht erster Instanz der Europäischen Gemeinschaften*
EuGH	*Gerichtshof der Europäischen Gemeinschaften*

EuZW	*Europäische Zeitschrift für Wirtschaftsrecht*
EWG	*Europäische Wirtschaftsgemeinschaft*
f.	*folgend*
ff.	*folgende*
Fn.	*Fußnote*
FS	*Festschrift*
GD	*Generaldirektion*
GVO	*Gruppenfreistellungsverordnung*
Hdb.	*Handbuch*
Hrsg.	*Herausgeber*
IAI	*Institut für das Recht der Airline Industry e.V.*
IATA	*International Air Transport Association*
ICAO	*International Civil Aviation Organisation*
ICH	*IATA Clearing House*
KartellR	*Kartellrecht*
krit.	*kritisch*
LG	*Landgericht*
LH	*Deutsche Lufthansa AG*
m.w.N.	*mit weiteren Nachweisen*
Min.	*Minuten*
MIS	*Multilateral Interline System*
MITA	*Multilateral Interline Traffic Agreement*
Mrd.	*Milliarde(n)*
NJOZ	*Neue Juristische Online Zeitschrift*
NJW	*Neue Juristische Wochenschrift*
Nr.	*Nummer*
NUC	*Neutral Unit of Construction of Fares*
NZV	*Neue Zeitschrift für das Versicherungsrecht*
OLG	*Oberlandesgericht*
OLT	*Ostfriesische Lufttransport GmbH*
para.	*paragraph*

PC	*Personal Computer*
Plc	*Public Limited Company*
RdNr.	*Randnummer*
RRa	*ReiseRecht aktuell*
Rs.	*Rechtssache*
s.	*siehe*
S.	*Seite*
s.o.	*siehe oben*
Slg.	*Sammlung der Rechtsprechung des Gerichtshofes der Europäischen Gemeinschaften*
sog.	*so genannt*
TranspR	*Zeitschrift Transportrecht*
u.a.	*unter anderem*
UK	*United Kingdom*
Urt.	*Urteil*
verb. Rs	*verbundene Rechtssachen*
vgl.	*vergleiche*
VO	*Verordnung*
zit.	*zitiert*
ZLW	*Zeitschrift für Luft- und Weltraumrecht*

I EINFÜHRUNG

Seit den ernsthaften Anfängen der kommerziellen zivilen Luftfahrt ist die Bildung des Beförderungspreises („Tarif") in wettbewerbsrechtlicher Hinsicht relevant. Unter einem Tarif im Linienflugverkehr ist das für die Beförderungsleistung erhobene Entgelt (Flug- oder Ticketpreis) zu verstehen. Nach deutschem Rechtsverständnis handelt es sich hierbei um den zwischen Fluggesellschaft und Passagier privatrechtlich vereinbarten Werklohn nach § 631 BGB, der dem ausführenden Luftfrachtführer für den mittels Beförderung geschuldeten Ortswechsel zusteht.[1]

Die Möglichkeit der Luftverkehrsunternehmen, den Ticketpreis mit ihren Fluggästen frei zu vereinbaren, ist mit Blick auf den Beginn der kommerziellen Luftfahrt nicht selbstverständlich.[2] Der Linienflugverkehr wurde anfangs schwerpunktmäßig durch nationale Fluggesellschaften, d. h. durch Unternehmen, die mehrheitlich im Staatseigentum standen (sog. national oder flag carrier) durchgeführt. Zur Aufnahme von Liniendiensten wurden zwischen den Vertragspartnern, d. h. den Vertragsstaaten, bilaterale Luftverkehrsabkommen abgeschlossen, um sich gegenseitig die erforderlichen Luftverkehrsrechte (Ein- und Ausflugrechte, Überflugrechte, etc.) einzuräumen.[3] Hinsichtlich der Tarifbildung und -genehmigung waren ebenfalls Regelungen zu treffen, da die staatlichen Unternehmen bzw. die Vertragsstaaten ein Interesse daran hatten, den Preiswettbewerb weitestgehend auszuschließen. Dies führte bis in die späten 70er-Jahre des vergangenen Jahrhunderts auf dem US-amerikanischen und bis 1987 auf dem europäischen Luftverkehrsmarkt zu einem etablierten, staatlich genehmigten System von Tarifabsprachen.

---

[1] st. Rspr.: BGH, Urt. v. 24.06.1969 (VI ZR 48/67), NJW 1969, S. 2014, 2015; BGH, Urt. v. 21.12.1973, BGHZ 62, 71, 75 = NJW 1974, S. 202; BGH, Urt. v. 28.09.1978, NJW 1979, S. 495; OLG Frankfurt a. M., Urt. v. 25.04.1983, TranspR 1984, S. 297, 298; RUHWEDEL, Luftbeförderungsvertrag, S. 131 m. w. N.; SCHWENK und GIEMULLA, Hdb. LuftverkehrsR, S. 615 f.

[2] Mit der Verordnung (EWG) Nr. 2409/92 wurde ein System der freien Festsetzung von Flugpreisen eingeführt für Luftfahrtunternehmen der Gemeinschaft für innergemeinschaftlichen Flugverkehr; s. auch SCHEIBECK, Zivilluftverkehr, S. 157

[3] vgl. Deutsches Verhandlungsmuster für Luftverkehrsabkommen unter: DIETER VON ELM, http://www.luftrecht-online.de, 29.01.2007

Im Laufe der Jahrzehnte haben sich verschiedene Typen von Luftverkehrsabkommen herausgebildet, die im Zusammenspiel mit den Deregulierungsbemühungen auf dem Luftverkehrsmarkt der USA und den verschiedenen Liberalisierungspaketen der EU-Kommission eine Entwicklung hin zur Dekartellisierung der Luftverkehrsindustrie aufzeigen. Zwischenzeitlich sind in den USA und auf EU-Ebene die Beförderungsentgelte frei vereinbar.

Neben der Frage der Tarifbildung in Luftverkehrsabkommen spielt die Abstimmung von Beförderungsentgelten auf IATA-Tarifkonferenzen für Interline-Verbindungen bei der Kommerzialisierung des Luftverkehrs eine bedeutende Rolle. Unter dem Begriff des Interlining versteht man die Beförderung eines Passagiers oder von Fracht durch verschiedene Fluggesellschaften mit nur einem Flugschein (Ticket) zu einem festen Preis.[4] Diese Umsteigeverbindungen werden besonders von Geschäftsreisenden geschätzt, da sie ein Maximum an Flexibilität bedeuten und die Unterbrechung der Beförderung erlauben. Das Gepäck muss bei einer Zwischenlandung nicht wieder in Empfang genommen werden, sondern wird „durchgecheckt". Der Fluggast muss nicht mehrere Flugscheine bei verschiedenen Fluggesellschaften erwerben, sondern kann auf einem standardisierten Luftverkehrsdokument mit einem ausgewiesenen Flugpreis reisen. Währungsunterschiede spielen keine Rolle. Die Kombination der Dienste verschiedener Fluggesellschaften erhöht die alternative Streckenauswahl für den Fluggast, dies auch unabhängig für Hin- und Rückflug. Die Abrechnung des Flugpreises – des sog. Durchgangstarifs – zwischen den Fluggesellschaften für den jeweils übernommenen Teil der Beförderung erfolgt durch das *IATA Clearing House* (ICH), das ein spezielles Abrechnungssystem für alle am Interlining-Verfahren Beteiligten bereit hält. Es erfolgt keine Abrechnung zwischen den Fluggesellschaften direkt für das jeweils abgeflogene Segment, sondern das ICH nimmt eine Saldierung vor.[5] So entfällt die Rechnungsstellung an die Fluggesellschaft, die den Ticketpreis vereinnahmt hat und regelmäßig den ersten Teil der Beförderung vornimmt.

---

[4] SCHWENK und GIEMULLA, Hdb. LuftverkehrsR, S. 123 und 335; SABATHIL, Linienflugverkehr, S. 11 und 112

[5] GÖTTING, Code-Sharing, S. 42; GRAN, IATA, S. 27; HAGLEITNER, Strategische Allianzen, S. 54; SCHWENK und GIEMULLA, Hdb. LuftverkehrsR, S. 117 f.

Damit die Abrechnungen zwischen den Fluggesellschaften ermöglicht werden, ist die Koordinierung der Interline-Tarife zwischen den am Interlining-Verfahren beteiligten Fluggesellschaften notwendig. Um dies zu gewährleisten, muss über den Preis gesprochen werden, was wiederum die Möglichkeit einer kartell- und wettbewerbswidrigen Preisabsprache nach sich zieht.

Die Koordinierung der Interline-Tarife erfolgt seit Jahrzehnten auf IATA-Tarifkonferenzen.[6] Diese waren für Luftfahrtunternehmen der Gemeinschaft bis zum 30.06.2005 durch die Verordnung (EWG) Nr. 1617/93 vom 25. Juni 1993 freigestellt, vgl. Anhang J „Verordnung (EWG) Nr. 1617/93 der Kommission", S. 103.[7] Mit Erlass der Verordnung (EG) Nr. 1459/2006 vom 28.09.2006 sind Tarifabsprachen in Bezug auf den innergemeinschaftliche Luftverkehr seit dem 01.01.2007 vom Kartellverbot erfasst.[8] Hinsichtlich des Verkehrs von Luftfahrtunternehmen der Gemeinschaft mit Drittstaaten wurde eine Übergangszeit eingeräumt, die dem Luftverkehr die Möglichkeit der Anpassung schafft.

In dieser Arbeit wird zunächst die Entwicklung dargestellt, die vom Beginn der zivilen kommerziellen Luftfahrt in tarif- und wettbewerbsrechtlicher

---

[6] Die GVO der Kommission Nr. 1617/93 geht auf die Ermächtigungsverordnung des Rates Nr. 3976/87 zurück, die im Rahmen des dritten Liberalisierungspaketes erlassen wurde. Auf der ersten Stufe der Liberalisierung ging die Verordnung (EWG) Nr. 2671/88 und auf der zweiten Stufe die Verordnung (EWG) Nr. 84/91 voraus, sie wird auch als IATA-GVO bezeichnet; vgl. auch BASEDOW in: IMMENGA und MESTMÄCKER, EG-Wettbewerbsrecht, E. Luftverkehr, RdNr. 37

[7] ABl. L 155 v. 26.06.1993; Verordnung (EWG) Nr. 1617/93 der Kommission vom 25. Juni 1993 zur Anwendung von Artikel 85 Absatz 3 EWG-Vertrag auf Gruppen von Vereinbarungen, Beschlüssen und aufeinander abgestimmten Verhaltensweisen betreffend die gemeinsame Planung und Koordinierung von Flugplänen, den gemeinsamen Betrieb von Flugdiensten, Tarifkonsultationen im Personen- und Frachtlinienverkehr sowie die Zuweisung von Zeitnischen auf Flughäfen; ABl. L 272 vom 03.10.2006; Verordnung (EG) Nr. 1459/2006, vgl. Anhang K „Verordnung (EG) Nr. 1459/2006 der Kommission", S. 117, der Kommission vom 28. September 2006 über die Anwendung von Artikel 81 Absatz 3 EG-Vertrag auf bestimmte Gruppen von Vereinbarungen und aufeinander abgestimmten Verhaltensweisen betreffend Konsultationen über Tarife für die Beförderung von Passagieren im Personenlinienverkehr und die Zuweisung von Zeitnischen auf Flughäfen.

[8] Das Kartellverbot erstreckt sich momentan nur auf den Intra-EU-Verkehr, d. h. Start- und Zielflughafen liegen in einem Mitgliedsstaat der Gemeinschaft.

Hinsicht von Bedeutung ist. Es werden die verschiedenen Abkommensarten mit Fokus auf die Tarifklauseln und deren Stufenverhältnis erläutert sowie die Phase der Deregulierung und Liberalisierung des US-amerikanischen und europäischen Luftverkehrsmarktes gegenüber gestellt. Zudem werden Wesen und Bedeutung der IATA-Tarifkonferenzen und des multilateralen Interlining sowie andere Kooperationsformen untersucht.

Anhand der Vorschrift des Art. 81 Abs. 3 EGV wird dargelegt, wie der vorgegebene Ordnungsrahmen durch die Kommission nach hier vertretener Auffassung nicht einwandfrei angewandt wird, sondern ergebnisorientiert die zukünftige Durchführung der bewährten Kooperationsart des Interlining unterbunden werden soll, ohne jedoch greifbare und verlässliche Daten für die eigenen Annahmen zu besitzen und ohne, wie es scheint, die Folgen der Beendigung der Freistellung hinsichtlich einer vermeintlichen Wettbewerbsbeschränkung hinreichend abgewogen zu haben.

II HISTORISCHER HINTERGRUND DER ORDNUNGSPOLITISCHEN RAHMENBEDINGUNGEN

II.1 ENTSTEHUNG DES INTERNATIONALEN FLUGLINIEN-VERKEHRS

Kurz vor Ende des 2. Weltkriegs erörterte die Völkergemeinschaft im Jahre 1944 in Chicago die Frage der Art und Weise der völkervertragsrechtlichen Erfassung der notwendigen Regelungen zwischen den Einzelstaaten zur Förderung und Entwicklung des gewerblichen Fluglinienverkehrs.[9] Der Ausgangspunkt war die Annahme, nach welcher jeder Staat uneingeschränkte Souveränität über den eigenen Luftraum besitzt.[10] Die territoriale Souveränität setzt sich danach in der Luftsäule über der Staatsoberfläche fort.[11] Dieser Grundsatz hatte schon einige Jahre zuvor im Pariser Abkommen von 1919 nach Ende des 1. Weltkriegs Niederschlag gefunden[12] und kann durch den Beitritt von mittlerweile 187 Vertragsstaaten zum Abkommen von Chicago als allgemein anerkannt bezeichnet werden.[13]

Zur Diskussion stand in Chicago ein Werk multilateraler Regelungen – favorisiert durch die Vereinigten Staaten von Amerika – oder aber der Abschluss einer Vielzahl bilateraler Abkommen. In Paris war es noch gelungen hinsichtlich der Hoheitszeichen, Fragen der Verkehrssicherheit und

---

[9] GRÖNER/WOLF, Regulierung und Wettbewerb, S. 11 und 14; SCHWENK und GIEMULLA, Hdb. LuftverkehrsR, S. 628

[10] Die bereits im 17. Jahrhundert in der Wissenschaft diskutierte Ansicht, wonach für den Luftraum ebenso wie für das Meer eine völlige Freiheit beansprucht wurde, konnte sich aufgrund der Sicherheitseinwände der beteiligten Staaten nicht durchsetzen. Vgl. hierzu MEYER, Freiheit der Luft, S. 93 f.; zu den verschiedenen Luftraumtheorien s. ausführlich VON WRANGEL, Globalisierungstendenzen, S. 15

[11] BASEDOW in: IMMENGA und MESTMÄCKER, EG-Wettbewerbsrecht, E. Luftverkehr, VO Nr. 3975/87 – Anwendungsregeln, RdNr. 1; MEYER, Freiheit der Luft, a. a. O.

[12] Convention Internationale Portant Réglementation de la Navigation Aérienne – CINA, Vertragstext ist abgedruckt bei MEYER, Freiheit der Luft, S. 272

[13] Abkommen über die Internationale Zivilluftfahrt (Chicago-Abkommen) vom 07.12.1944 (BGBl. 1956 II. S. 411); SCHWENK und GIEMULLA, Hdb. LuftverkehrsR, S. 10 und 628

der Zulassungsbedingungen für Maschinen und Personal sowie den Verkehrszeichen ein erstes multilaterales Luftverkehrsabkommen abzuschließen.[14] Die Bemühungen hinsichtlich des Abschlusses einer neuen multilateralen Regelung ratifiziert durch alle Mitgliedstaaten hatten in Chicago hingegen keinen Erfolg.[15] Das Ziel, ein singuläres Vertragswerk zu schaffen, das den zwischenstaatlichen zivilen Luftverkehr erleichtert, wurde aufgrund der unterschiedlichen nationalen Interessen verfehlt.[16]

Als Erfolg der Konferenz von 1944 kann jedoch bezeichnet werden, dass die teilnehmenden Vertragsstaaten das Abkommen von Chicago, was auch zur Gründung der ICAO führte,[17] sowie zwei Zusatzabkommen (Transit- und Transportvereinbarung) unterzeichnet und hierdurch die sog. Freiheiten der Luft eingeführt haben, vgl. Anhang A „Die Freiheiten der Luft", S. 77, und Anhang B „Definition der Freiheiten der Luft", S. 81.[18]

Die Freiheiten der Luft regeln die Rechte und Pflichten der Vertragsstaaten im internationalen Luftverkehr, damit die Wahrung der Souveränität der Staaten und ihres Luftraums gewährleistet ist. Voraussetzung für den Betrieb eines Luftfahrzeugs über einem Staat, in welchem das Fluggerät nicht registriert ist, ist daher die Zustimmung dieses Staates. Gleichsam gibt das Abkommen allgemeine Standards für den internationalen Luftverkehr und Empfehlungen für den Lufttransport im Allgemeinen vor.

Der Abschluss eines umfassenden multilateralen Werks scheiterte an den unterschiedlichen Positionen der Verhandlungsführer. Die USA hatten bereits mit Ende des zweiten Weltkriegs verschiedene Fluggesellschaften und drängten auf die Erweiterung des Marktes ohne protektionistische Rücksichtnahmen. Ziel war die Etablierung von „open skies", zwischenzeitlich ein Synonym für die Liberalisierung des transatlantischen Luftverkehrs und mithin eine Idee, die den europäischen Verhandlungspartnern

[14] WITTE et al., Preisbildung, S. 17

[15] SCHWENK und GIEMULLA, Hdb. LuftverkehrsR, S. 628

[16] SABATHIL, Linienflugverkehr, S. 6

[17] unumstritten genießt die ICAO als staatliche internationale Luftverkehrsverwaltung in Deutschland und den übrigen Vertragsstaaten gemäß Artikel 47 Chicago-Abkommen Rechts- und Parteifähigkeit; s. STEPPLER, RRa 2005, S. 80; für die IATA als privatrechtlich organisierte internationale Luftverkehrsverwaltung war dies lange umstritten; s. weiterführend Fn. 61

[18] SCHWENK und GIEMULLA, Hdb. LuftverkehrsR, S. 628 ff.

aufgrund des staatlich stark reglementierten Luftverkehrs zu diesem Zeitpunkt und noch einige Jahrzehnte fremd war. Die USA drängten darauf, z. B. den Ein- und Ausflug nicht von der Genehmigung des Staates abhängig zu machen, dessen Luftraum berührt wird. Dieser Ansatz war 1944 noch nicht mehrheitsfähig, und so kam es zu einem Minimalkonsens und zur Einführung eines Systems, das zum Abschluss einer großen Anzahl bilateraler Luftverkehrsabkommen führte.[19] Dieses System ist bis zum heutigen Tage in gewandelter Form zwischen Staaten, die planmäßigen internationalen Fluglinienverkehr durchführen bzw. Einflug- und Überflugrechte einem Vertragsstaat einräumen, beibehalten worden.

Erforderlich für ein solch funktionierendes Netz war und ist die gegenseitige Einräumung von Luftverkehrsrechten („traffic rights"), um vor allem den Zugang zum eigenen nationalen Luftraum und Luftverkehrsmarkt zu regeln.[20]

Die multilateralen Verträge von Paris wurden daher durch das Abkommen von Chicago abgelöst,[21] was zur Implementierung von drei wesentlichen Grundprinzipien durch die Völkergemeinschaft führte:

Nach dem Prinzip der Bilateralität kann jeder Vertragsstaat mit ausgewählten Partnerstaaten souverän zweiseitige Abkommen abschließen, die eine Einschränkung der eigenen Lufthoheit nach sich ziehen. Diese Einschränkung erfolgt jedoch nur nach dem weiteren Grundsatz der Reziprozität, da Staaten einen Souveränitätsverzicht nur dann akzeptieren, wenn dieser auf Gegenseitigkeit beruht.[22] Schließlich muss den Luftfahrtunternehmen der Vertragsstaaten in gleicher Weise Gelegenheit gegeben werden, auf den vertraglich festgelegten Flugrouten zu operieren („fair and equal opportunity").[23]

---

[19] Die geschätzte Anzahl der weltweit bestehenden bilateralen Luftverkehrsabkommen reicht von 3 000 bis 4 000; vgl. BASEDOW in: IMMENGA und MESTMÄCKER, EG-Wettbewerbsrecht, E. Luftverkehr, VO 3975/87 – Anwendungsregeln, RdNr. 3; SCHWENK und GIEMULLA, Hdb. LuftverkehrsR, S. 630

[20] BASEDOW in: IMMENGA und MESTMÄCKER, EG-Wettbewerbsrecht, E. Luftverkehr: VO 3975/87 – Anwendungsregeln, RdNr. 1

[21] WITTE et al., Preisbildung, S. 19

[22] Nach WOLF auch treffend als do-ut-des-Prinzip bezeichnet; s. GRÖNER/WOLF, Regulierung und Wettbewerb, S. 13; SCHWENK und GIEMULLA, Hdb. LuftverkehrsR, S. 641

[23] SCHWENK und GIEMULLA, Hdb. LuftverkehrsR, S. 631

II.2 GRUNDTYPEN BILATERALER LUFTVERKEHRSABKOMMEN

Basierend auf diesen Prinzipien haben sich im Rahmen der staatlichen Vertragspraxis verschiedene Grundtypen von Luftverkehrsabkommen herausgebildet.

II.2.1 CHICAGO-TYP

Auf der Konferenz von Chicago wurde ein Mustervertrag entwickelt, der in der Zeit von 1944 bis Oktober 1947 in insgesamt 64 Fällen zum Abschluss gekommen ist.[24] Dieser enthält alle zum damaligen Zeitpunkt konsensfähigen Regelungen.

Die Vertragsstaaten vereinbaren danach die Designierung der jeweiligen Luftverkehrsgesellschaft in Abhängigkeit von der Erteilung bzw. dem Widerruf einer Betriebsgenehmigung. Die Luftverkehrsbetreiberzeugnisse und Fluglizenzen sind gegenseitig anzuerkennen. Bei der Erhebung der Flughafenbenutzungsgebühren sind die Fluggesellschaften gleich zu behandeln. Jede Gesellschaft verpflichtet sich, die nationalen Gesetze hinsichtlich Ein- und Ausreise in bzw. aus dem jeweiligen Partnerstaat zu beachten. Daneben wird ein Streitbeilegungsverfahren festgeschrieben und auch das Ende des Abkommens thematisiert. Im Anhang legen die Vertragspartner den genauen Fluglinienplan, die Abflug-, Zwischenlande- und Zielorte fest.[25]

Die wesentliche Frage der Festlegung der Tarife wie auch die Regelung von Kapazitätsfragen findet nicht im Luftverkehrsabkommen selbst statt, sondern in einer gesonderten Vereinbarung außerhalb des Abkommens.

Die Vertragsstaaten waren sich einig, der noch zu gründenden ICAO eine Einflussnahme auf die Preisbildung nicht zukommen zulassen.[26] Mit der Koordinierung der Tarifbildung wurde der im Jahre 1945 gegründe-

[24] SCHWENK und GIEMULLA, Hdb. LuftverkehrsR, S. 633
[25] SCHWENK und GIEMULLA, Hdb. LuftverkehrsR, a. a. O.
[26] WITTE et al., Preisbildung, S. 21

te Luftverkehrsdachverband *International Air Transport Association* (IATA) als privates Preiskartell der Linienfluggesellschaften beauftragt.[27]

II.2.2 BERMUDA I-TYP

Mit Abschluss des bilateralen Luftverkehrsabkommens zwischen den USA und Großbritannien in Bermuda im Jahre 1946 kam es zu einem Kompromiss zwischen den Positionen der beteiligten Staaten. Die USA verfolgten weiter ihre Politik der schrankenlosen Verkehrsfreiheit, wohingegen Großbritannien die wirtschaftliche Lenkung und Kontingentierung des Linienflugverkehrs wünschte.[28] Hinsichtlich der Vereinbarung der Tarife wurde sich auf ein förmliches Tariffestsetzungsverfahren durch die IATA verständigt. Ziel war es, den in Chicago gefassten Grundprinzipien auch in Zukunft zu entsprechen und gegenseitige Tarifunterbietungen durch eine externe Preiskoordinierung auszuschließen.[29] Gleichzeitig war beabsichtigt, Luftverkehr zu den niedrigsten, wirtschaftlich vertretbaren Preisen zu ermöglichen (Abs. 1 der Schlussakte).[30]

Die Vertragsstaaten haben sich damit erstmalig völkervertragsrechtlich auf ein System der Preisabsprachen und gegenseitiger Genehmigung der Beförderungsentgelte geeinigt. Man hielt dies für unerlässlich, um den im Aufbau befindlichen Luftverkehrsunternehmen den Marktzugang zu erleichtern und so den Weltluftverkehr insgesamt zu fördern. Dies spiegelt sich auch in dem verhältnismäßig liberalen Vertragstext wider, der den Luftverkehrsunternehmen weitestgehend – abgesehen von der Festsetzung des Tarifs – freie Gestaltungsspielräume lässt. Der Preiswettbewerb zwischen den Fluggesellschaften war in dieser Anfangszeit weitestgehend ausgeklammert.

So kam es zur Festsetzung anwendbarer Tarife für bestimmte Liniendienste, die „unter Berücksichtigung aller Faktoren wie der Kosten des Betriebs,

[27] BASEDOW in: IMMENGA und MESTMÄCKER, EG-Wettbewerbsrecht, E. Luftverkehr, VO Nr. 3975/87 – Anwendungsregeln, RdNr. 4; DAUTZENBERG, IATA-Flugtarife, S. 81

[28] SCHWENK und GIEMULLA, Hdb. LuftverkehrsR, a. a. O.

[29] SCHWENK und GIEMULLA, Hdb. LuftverkehrsR, S. 634

[30] SCHWENK und GIEMULLA, Hdb. LuftverkehrsR, a. a. O.

eines angemessenen Gewinns, der besonderen Gegebenheiten der verschiedenen Linien und der von anderen Unternehmen, welche die gleiche Linie ganz oder teilweise betreiben", (Art. 9 Abs. 1 des früheren deutschen Musterabkommens) erfolgte.[31]

Die Tarifklausel in Anhang II des Bermuda I-Abkommens verlangt vor Wirksamwerden eines Tarifs die vorherige Zustimmung beider Vertragsparteien („double approval rule"). Einigkeit bestand dahingehend, die auf den IATA-Tarifkonferenzen festgelegten Raten vorbehaltlich der jeweiligen Genehmigung durch die Vertragsstaaten anzuerkennen. Zunächst verabredeten die USA und Großbritannien, sich der Bindung an die IATA-Tarife von Februar 1946 für ein Jahr zu unterwerfen (Anhang II (b) des Abkommens).

Sollte eine Anerkennung der IATA-Tarife nicht zu erzielen sein oder das noch junge System der Tarifabsprachen insgesamt scheitern, so hatten die Vertragsstaaten für diese Fälle ebenfalls Vorsorge getroffen. Bei Einführung eines Tarifs, den der andere Vertragsstaat nicht akzeptieren wollte, wurde zunächst eine Stellungnahmefrist von 30 Tagen eingeräumt, bevor der neue Preis Gültigkeit erlangen konnte. Im Rahmen von gesonderten Tarifverhandlungen sollte dann versucht werden, eine Einigung zu erzielen. War dies nicht möglich, konnte der jeweilige Vertragsstaat, falls der Partnerstaat auf der Anwendung des neuen Tarifs bestehen sollte, alle ihm notwendig erscheinenden Schritte ergreifen, um den Verkehrsdienst zu verhindern. Das bedeutet, dass schlussendlich im Falle des Dissens über den Tarif der widersprechende Staat die Luftverkehrsrechte widerrufen konnte (Anhang II (f) des Abkommens).

Von der Widerrufsmöglichkeit wurde dann kein Gebrauch gemacht, wenn die Vertragsstaaten sich in ökonomischer Hinsicht auf Augenhöhe begegneten. Voraussetzung für die erfolgreiche Durchführung von Luftverkehrsabkommen des Typs Bermuda I ist die in etwa gleiche wirtschaftliche Leistungsfähigkeit der designierten Fluggesellschaften.[32] Wo dies nicht gegeben ist, z. B. beim Aufbau einer Linienfluggesellschaft oder unterschiedlicher wirtschaftlicher Rahmenbedingungen, müssen separate Vereinba-

[31] s. o. Fn. 3 und vgl. DIETER VON ELM, http://www.luftrecht-online.de, 17.02.2007

[32] SCHWENK und GIEMULLA, Hdb. LuftverkehrsR, S. 634

rungen getroffen werden, die dieses ökonomische Ungleichgewicht berücksichtigen. Diesbezügliche Probleme bei der praktischen Handhabung waren damit vorprogrammiert.

II.2.3 BERMUDA II-TYP

Ungeachtet der mit der grundsätzlichen Konzeption des Abkommenstyps Bermuda I verbundenen Schwierigkeiten hatte dieses Luftverkehrsabkommen Leitcharakter bis in die späten siebziger Jahre des 20. Jahrhunderts.[33] Dann trat eine Situation ein, die das Ungleichgewicht zwischen den Vereinigten Staaten und Großbritannien offen zu Tage förderte. Bedingt durch die Ölkrise und die allgemeine Rezession verschlechterten sich die ökonomischen Rahmenbedingungen in der Luftfahrtindustrie erheblich.[34] Großbritannien entschloss sich daher, das Luftverkehrsabkommen mit den Vereinigten Staaten zu kündigen und auf den Abschluss eines neuen Abkommens, das der sich gewandelten weltwirtschaftlichen Lage Rechnung trägt, zu drängen. Die Vertragspartner trafen sich wieder auf den Bermudas. Das Ergebnis der Verhandlungen war im Jahr 1977 der Abschluss des Bermuda II-Abkommens, das insgesamt als restriktiver als das liberale Vorgängerabkommen bezeichnet werden muss.

Dies war aus wettbewerbsrechtlicher Hinsicht ein Schritt in die entgegen gesetzte Richtung. In Bezug auf das Tarifbildungssystem blieb es am Festhalten an den IATA-Tarifkonferenzen mit feinen Änderungen. Der Zustimmungsmechanismus eines zweiseitigen staatlichen Genehmigungsverfahrens („double approval rule") der Flugtarife wurde ebenso fortgesetzt. Bei der Nichteinigung nach Durchführung des Konsultationsverfahrens sollten die Tarife weiter gelten. Um jedoch das Risiko des Scheiterns einer Konsultation nach Einführung eines neuen Tarifs zu minimieren, wurde eine ständige Tarifarbeitsgruppe eingesetzt.

Im Vergleich zum Bermuda I-Abkommen konnte die Nachfolgerversion für den Luftverkehrsmarkt nicht die gleiche Vorbildfunktion entwickeln. Vielmehr sah sich die Europäische Gemeinschaft durch die Fehlentwicklung

---

[33] SCHWENK und GIEMULLA, Hdb. LuftverkehrsR, S. 636

[34] SCHWENK und GIEMULLA, Hdb. LuftverkehrsR, S. 635

zurück zu einer restriktiveren Handhabung der Tarifbildung in ihren Anstrengungen bestärkt, auf die Einhaltung der Wettbewerbsregeln des EG-Vertrages und damit zur Liberalisierung des innergemeinschaftlichen Luftverkehrsmarktes hinzuwirken.

II.2.4 OPEN-SKIES-ABKOMMEN

Seit 1992 drängen die USA auf den Abschluss extrem liberaler Luftverkehrsabkommen. Diese sehen nahezu unbeschränkte Luftverkehrsrechte vor. Lediglich die Frequenzen und die Streckenführung unterliegen gewissen Restriktionen. Die ICAO unterstützt diese Entwicklung und empfiehlt durch Beschluss aus dem Jahre 2003, dass alle Mitgliedstaaten ihre Luftverkehrsgesetzgebung liberalisieren sollen. Jedem Einzelstaat soll es aber überlassen werden, Weg und Geschwindigkeit selbst festzulegen.[35]

Selbst wenn die Kommission die Mitgliedstaaten mit Blick auf die Entscheidung des EuGH vom 05.11.2002 auffordert, die mit den USA abgeschlossenen Open-Skies-Abkommen zu kündigen bzw. keine neuen Abkommen dieses Typs abzuschließen, scheint den Open-Skies-Abkommen richtungsweisende Bedeutung zuzukommen.[36] Durch die gewünschte Beendigung wird sich von Seiten der Kommission zwar auch gegen bestimmte Restriktionen der Abkommen, deren Unvereinbarkeit mit dem Gemeinschaftsrecht durch den EuGH festgestellt wurde, gewendet. Im Vordergrund steht aber die Absicht der Kommission, das politische Mandat für den Abschluss neuer Abkommen der EU-Mitglieder mit den Vereinigten Staaten auszuüben.[37]

[35] SCHWENK und GIEMULLA, Hdb. LuftverkehrsR, S. 637; KÖSTER, ZLW 2003, S. 322

[36] EuGH, Urt. v. 05.11.2002 („Open-Skies-Entscheidung"). Der EuGH hat am selben Tag zu den Open-Skies-Abkommen von insgesamt acht Mitgliedstaaten mit den USA Stellung genommen. Es handelt sich um die Rs. C-366/98 (Großbritannien), C-467/98 (Dänemark), C-468/98 (Schweden), C-469/98 (Finnland), C-471/98 (Belgien), C-472/98 (Luxemburg), C-475/98 (Österreich) sowie C-476/98 (Deutschland). Der EuGH bejaht eine ausschließliche Außenkompetenz der EG für die Bereiche, die gemeinschaftsrechtlich geregelt sind.

[37] ABl. L 157 v. 30.04.2004, S. 7–17, Verordnung (EG) Nr. 847/2004 des Europäischen Parlaments und des Rates vom 29.04.2004 über die Aushandlung und Durchführung von Luftverkehrsabkommen zwischen Mitgliedsstaaten und Drittstaaten

Luftverkehrspolitisch macht der Abschluss von Open-Skies-Abkommen in solchen Märkten Sinn, in denen die Gewährleistung freien und fairen Wettbewerbs zu gleichen und gerechten Konditionen unter den Gesellschaften zu erwarten ist.[38] Im Zuge der weiteren Angleichung der Lebensverhältnisse innerhalb der Gemeinschaft werden die Open-Skies-Abkommen mutmaßlich weiter an Bedeutung gewinnen.

II.3 STRUKTUR UND SYSTEM DER TARIFKLAUSELN

In der Zeit nach 1977 und mit zunehmender Privatisierung der Luftverkehrsgesellschaften unter gleichzeitiger Zunahme des Gelegenheitsverkehrs (Charterverkehr) traten verschiedene Gestaltungen von Tarifartikeln in den abgeschlossenen Luftverkehrsabkommen auf.

Es entwickelte sich ein Stufenverhältnis der einzelnen Tarifklauseln von der restriktiven Regelung hin zur Möglichkeit der freien Vereinbarung der Beförderungsentgelte, vgl. Anhang C „Tarifklauseln in Luftverkehrsabkommen“, S. 83.

Die „double approval rule“ steht auf der ersten und restriktivsten Stufe, da ein Tarif nur dann anwendbar ist, wenn die zuständigen Luftverkehrsbehörden beider Vertragsstaaten ihre Genehmigung erteilen.

Nach dem Ursprungslandprinzip („country of origin rule“) kann die jeweilige Fluggesellschaft in ihrem Verkehrsursprungsland einseitig nach Genehmigung durch die eigene inländische Luftverkehrsbehörde die Tarife festlegen.[39] Hiermit kann entgegen den Mustern nach dem Bermuda I-Abkommen ein wirtschaftliches Gefälle zwischen zwei Ländern ausgeglichen werden, indem jedes Land den erzielbaren Preis in ihrem Heimatmarkt für Hin- und Rückflüge an den Marktgegebenheiten ausrichten kann. Die Preise einer Gesellschaft aus einem Land, in dem das Preisgefüge und damit gegebenenfalls auch der Lebensstandard höher sind, werden dann über den Tarifen des wirtschaftlich schwächeren Partners liegen. Grundlage für die Tarifkalkulation wird hier wie auch auf den folgenden liberaleren Stufen die Kosten-/Ertragssituation des jeweiligen Unternehmens sein.

---

[38] SCHWENK und GIEMULLA, Hdb. LuftverkehrsR, a. a. O.

[39] GRÖNER/WOLF, Regulierung und Wettbewerb, S. 16

Auf der dritten Stufe der Kategorisierung der Tarifartikel in internationalen Luftverkehrsabkommen befindet sich die „double disapproval rule". Ein Tarif ist danach nur dann nicht anwendbar, wenn die Genehmigungsbehörden beider Staaten der Anwendbarkeit der Tarife explizit widersprechen.[40] Hingegen gilt der Tarif als genehmigt, wenn beide Behörden keine Einwände gegen den festgesetzten Preis vorbringen. Dies setzt weiterhin voraus, dass der Behörde, selbst wenn keine förmliche Genehmigung mehr erforderlich ist, die in Aussicht genommenen Tarife rechtzeitig vor deren geplanter Anwendbarkeit zur Kenntnis gebracht werden. Die Hinterlegung der Tarife stellt nach wie vor aufgrund der traditionell in Sommer- und Winterflugplan unterteilten Saison des Luftverkehrsmarktes eine nicht unerhebliche Einschränkung der betrieblichen Abläufe eines Unternehmens dar.

Schließlich finden sich Regelungen, die bis auf wenige einschränkende Ausnahmen die Vereinbarung des Beförderungsentgeltes in das Ermessen der Luftverkehrsgesellschaft stellen („free pricing"). Bei systematischer Unterschreitung einer Tarifstruktur, die den Schluss auf ein Preisdumping oder der Veröffentlichung von unangemessen niedrigen und diskriminierenden Preisen zulässt, ist ein Einschreiten durch die Luftverkehrsbehörden oder die Wettbewerbshüter möglich.[41]

II.4 DEREGULIERUNG UND LIBERALISIERUNG IN DEN USA

Die Entwicklung von der restriktiven Handhabung der Preisgestaltung hin zu einer liberalen Tarifbildung ging mit der Deregulierung des amerikanischen Luftverkehrsmarktes einher. Ihren Anfang nahm die Deregulierung in den siebziger Jahren des vergangenen Jahrhunderts.[42] Mit Erlass zweier wegbereitender Gesetze, dem Airline Deregulation Act und dem International Air Transportation Competition Act,[43] im Jahre 1978 zur Reform

[40] GRÖNER/WOLF, Regulierung und Wettbewerb, a. a. O.

[41] SCHWENK und GIEMULLA, Hdb. LuftverkehrsR, S. 654

[42] GRÖNER/WOLF, Regulierung und Wettbewerb, S. 15; LÜCKE, Luftverkehrsabkommen, S. 24

[43] allgemein zur Deregulierung des Luftverkehrs in den USA: WITTMANN, Liberalisierung, S. 5 ff.; KNIEPS, Deregulierung, S. 42

des Federal Aviation Act von 1958 wurde zum einen der Marktzugang durch weitreichende Liberalisierung der Betriebs- und Streckengenehmigungen und zum anderen der Marktaustritt von Luftverkehrsunternehmen, die aufgrund eines härter werden Konkurrenzkampfs defizitäre Strecken nicht länger betreiben können, erleichtert. Im Bereich der Flugtarife sollte der Zugang zum Markt für neue Fluggesellschaften durch die Erhebung günstigerer Preise gesichert werden. Allerdings bestand die Sorge, dass nach der Deregulierung die Preise steigen statt fallen könnten. Vor diesem Hintergrund wurde sich nicht für eine Freigabe der Preise und einem freien Spiel der Kräfte des Marktes entschieden. Vielmehr wurden Referenz- und Bezugspreise eingeführt. Eine Genehmigung eines Tarifs durch das *Civil Aeronautics Board* (C.A.B.) wurde dann nicht verweigert, wenn sich der Preis für die Beförderung in einer sog. „zone of reasonableness" bewegte. Unterschreitungen der Preiszone waren grundsätzlich möglich. Allerdings behielt sich das C.A.B. vor einzuschreiten, wenn die Preisabweichung gezielt auf die Schädigung eines Konkurrenzunternehmens gerichtet war.[44]

Beschleunigt wurde die Deregulierung in den Vereinigten Staaten aufgrund eines durch das C.A.B. gegen die IATA initiierten, für die Luftverkehrsindustrie spektakulären Verfahrens. Das C.A.B. stellte die Freistellung der IATA-Tariffestsetzung von den amerikanischen Kartell- und Wettbewerbsregeln (antitrust immunity) in Frage. Im Anschluss an das Show-Cause-Verfahren[45] reagierte die IATA prompt und rief eine Sondergeneralversammlung im Jahre 1978 ein, die weitreichende Änderungen bezüglich der IATA-Tarifkonsultationen beschloss.[46] Die Neuordnung trat am 01.10.1979 in Kraft. Seit Oktober 1979 besteht auf dem US-amerikanischen Luftverkehrsmarkt nicht mehr die Möglichkeit des multilateralen IATA-Interlining.

Luftverkehrspolitisch versuchten die USA, durch den Abschluss liberaler-er Luftverkehrsabkommen den internen Deregulierungsbemühungen auch international Gewicht zu verleihen.[47] Dies hatte jedoch nur teilweise Er-

---

[44] KARK, Liberalisierung, S. 32

[45] IATA, http://www1.iata.org/about/history_4.htm, 06.02.2007

[46] SCHWENK und GIEMULLA, Hdb. LuftverkehrsR, S. 651; GRÖNER/WOLF, Regulierung und Wettbewerb, S. 15

[47] Die Luftverkehrspolitik der USA wird nach DAUTZENBERG trefflich durch den Begriff

folg, denn es bestand zu diesem Zeitpunkt zwischen den US-amerikanischen Luftverkehrsmarkt und den übrigen Märkten ein zu deutliches Ungleichgewicht, als dass die Staaten von ihrer mittlerweile liebgewonnen protektionistischen Haltung hätten ohne äußeren Impuls Abstand nehmen wollen.

II.5 DEREGULIERUNG UND LIBERALISIERUNG IN EUROPA

Betrachtet man im Vergleich zu den Entwicklungen in den USA den rein innergemeinschaftlichen EU-Luftverkehr erkennt man eine weltweit einzigartige Entwicklung, die sich hin zur völligen Freigabe der Flugpreisfestlegung vollzogen hat.[48] Mit der Richtlinie 87/601/EWG und der Verordnung (EWG) Nr. 3975/87 über die Einzelheiten der Anwendung der Wettbewerbsregeln auf Luftfahrtunternehmen wurden die ersten Schritte zur Verwirklichung des Binnenmarktes für den Luftverkehr und der Liberalisierung der Flugtarife getan.[49] Vorausgegangen war ein Urteil des Gerichtshofs in Sachen Nouvelles Frontières im Jahre 1986, in welchem entschieden wurde, dass auch der Luftverkehr dem europäischen Wettbewerbsrecht unterliege, es in Ermangelung einer Anwendungsverordnung aber nur gemäß Art. 88 und 89 EGV durchgesetzt werden könne.[50] Noch zu Beginn der achtziger Jahre des vergangenen Jahrhunderts wurde in der Literatur die Unanwendbarkeit des europäischen Wettbewerbsrechts auf den Luftverkehr propagiert.[51] Diesem Ansatz hatte die Rechtsprechung eine deutliche Absage erteilt und somit den Boden für die Entwicklung se-

„divide et impera" bezeichnet; s. DAUTZENBERG, IATA-Flugtarife, S. 88; SCHWENK und GIEMULLA, Hdb. LuftverkehrsR, S. 637

[48] SCHWENK und GIEMULLA, Hdb. LuftverkehrsR, S. 683

[49] ABl. L 374 v. 31.12.1987, S. 12–18; Richtlinie 87/601/EWG des Rates vom 14.12.1987 über Tarife im Fluglinienverkehr zwischen Mitgliedstaaten; ABl. L 374 v. 31.12.1987, S. 1–8; Verordnung (EWG) Nr. 3975/87 des Rates vom 14.12.1987 über die Einzelheiten der Anwendung der Wettbewerbsregeln auf Luftfahrtunternehmen

[50] EuGH, Urt. v. 30.04.1986 – verb. Rs 209–213/84 (Ministère public ./. Asjes u. a., Nouvelles Frontières), Slg. 1986, 1425, Tz. 42 f., bestätigt durch EuGH, Urt. v. 11.04.1989, Rs. 66/86 (Ahmed Saeed Flugreisen u. a. ./. Zentrale zur Bekämpfung des unlauteren Wettbewerbs), Slg. 1989, 803

[51] NAVEAU, transport aérien, S. 209; LÜCKE, Luftverkehrsabkommen, S. 203

kundären Wettbewerbsrechts der Gemeinschaft für die Luftverkehrsmärkte bereitet.[52] Schnell traten die verschiedenen politischen Interessen zu Tage. Die Kommission drängte auf den Abbau der völkervertraglich festgeschriebenen Marktzugangsbeschränkungen. Die Mitgliedsstaaten beharrten in ihrer Rolle als Sachwalter der nationalen Fluggesellschaften auf dem Status quo und hatten ein Interesse an möglichst umfassenden Freistellungsmöglichkeiten.[53] Gleichzeitig kam es hingegen zu einer sukzessiven Reduzierung der staatlichen Beteiligung an den Luftverkehrsgesellschaften und damit zur schrittweisen Privatisierung der Fluggesellschaften, vgl. Anhang D „Anteil staatlicher Beteiligung an europäischen Fluglinien im Jahre 1979", S. 85, und Anhang E „Anteil staatlicher Beteiligung an europäischen Fluglinien im Jahre 1992", S. 87.

Mit Erlass der Verordnung (EWG) Nr. 411/2004 hat der Ministerrat der Kommission nunmehr umfassende Kompetenzen zur Anwendung der Wettbewerbsregeln auf den Luftverkehr zwischen der EU und Drittstaaten an die Hand gegeben. Die Verordnung (EWG) Nr. 3975/87 fand lediglich auf den innergemeinschaftlichen Verkehr Anwendung. Dies wurde durch die Verordnung (EG) Nr. 1/2003 nicht korrigiert.[54] Mit der Verordnung aus dem Jahre 2004 wurde auch die Verfahrensordnung auf den Luftverkehr mit Drittländern ausgeweitet, das bedeutet, die Artikel 81 und 82 EGV finden hierauf Anwendung.[55]

Durch diese Entwicklung konkurrieren die Luftfahrtunternehmen der Gemeinschaft auch immer mehr über die Preise, für die sie ihre Beförderungsleistungen anbieten. Um Preiswettbewerb zu gewährleisten, wurden zunächst Flexibilitätszonen für die Tarifgestaltung eingeführt (vergleichbar der „zone of reasonableness"). Bewegte sich die Preisgestaltung in den vorbestimmten Zonen, wurden die Tarife genehmigt. Die Genehmigungspflicht bezog sich lediglich auf Normaltarife durch die jeweiligen Luftfahrt-

---

[52] BASEDOW in: IMMENGA und MESTMÄCKER, EG-Wettbewerbsrecht, VO Nr. 3975/87 – Anwendungsregeln, RdNr. 5

[53] BASEDOW in: IMMENGA und MESTMÄCKER, EG-Wettbewerbsrecht, a. a. O.

[54] ABl. L 1 v. 04.01.2003; Verordnung (EG) Nr. 1/2003 des Rates vom 16.12.2002 zur Durchführung der in den Artikeln 81 und 82 des Vertrages niedergelegten Wettbewerbsregeln

[55] EuZW 2004, 196; EG-Kommission, Pressemitteilung vom 26.02.2004 – IP/04/272

behörden des Start- und Ziellandes. Bei überhöhten Normaltarifen bedurfte es bis zum Jahr 1992 der doppelten Ablehnung durch beide Luftfahrtbehörden. Mit Erlass der Verordnung (EWG) Nr. 2409/92 haben die Fluggesellschaften für den innergemeinschaftlichen Flugverkehr die durch die Unternehmen selbständig festgelegten Flugpreise bei den Behörden lediglich zu hinterlegen, vgl. Anhang I „Verordnung (EWG) Nr. 2409/92 des Rates", S. 95.[56] Mit der Hinterlegung vollzieht sich die automatische Genehmigung (Art. 5 der Verordnung (EWG) Nr. 2409/92). Dies erhöht in erheblichem Maße die Flexibilität der Gemeinschaftsfluglinien, da kurzfristig Preisanpassungen ohne großen administrativen Aufwand durchgeführt werden können. Gleichzeitig haben die Mitgliedstaaten ein Instrument der Missbrauchsaufsicht bei der Hand und können so das Geschäfts- und Preisgebaren der Fluggunternehmen beobachten und gegebenenfalls regelnd eingreifen, falls es zu missbräuchlichen Preisgestaltungen kommt und marktschädigende oder existenzgefährdende Verhaltensweisen zu Tage treten.[57] Diese Regelungen den innergemeinschaftlichen Linienflugverkehr betreffend gehen weit über die in selbst in liberalen Luftverkehrsabkommen getroffenen Vereinbarungen hinaus.

Um jedoch diese unterschiedlichen Ansätze und Systeme der Luftverkehrsabkommen und den liberalisierten Märkten der Gemeinschaft praktikabel handhaben zu können, hat der Rat die Kommission – mutmaßlich auch mit Rücksicht auf die Beteiligung und Einbindung Europas in den internationalen Flugverkehr – ermächtigt, durch Verordnung für begrenzte Zeit Gemeinschaftsluftfahrtunternehmen von der Anwendbarkeit der EG-Wettbewerbsvorschriften freizustellen.[58] Tarifabsprachen sind danach dann zwischen den Luftfahrtunternehmen der Gemeinschaft freigestellt, wenn diese freiwillig und für die Beteiligten unverbindlich erfolgen.[59] Die Kommission gesteht den Fluggesellschaften insoweit zu, dass das Interlining für den Verbraucher vorteilhaft ist, diese Vorteile aber verbindli-

[56] ABl. L 240 v. 24.08.1992, S. 15–17; Verordnung (EWG) Nr. 2409/92 des Rates vom 23.07.1992 über Flugpreise und Luftfrachtraten

[57] SCHWENK und GIEMULLA, Hdb. LuftverkehrsR, S. 683

[58] SCHWENK und GIEMULLA, Hdb. LuftverkehrsR, a. a. O.

[59] BASEDOW in: IMMENGA und MESTMÄCKER, EG-Wettbewerbsrecht, F. Luftverkehr I. 1b), RdNr. 5

che Absprachen nicht rechtfertigen.[60] Voraussetzung für die Freistellung ist, dass Wettbewerber nicht ausgeschlossen werden, und die Kommission über die Termine, Inhalte und Ergebnisse der Gespräche informiert wird (Art. 4 Verordnung (EWG) Nr. 3976/87). Zudem nehmen die Vertreter der Kommission an den Tarifkonsultationen als Beobachter teil.

Die ursprüngliche einheitliche Preisfestlegung hat damit ihr Ende gefunden.

II.6 WESEN UND BEDEUTUNG DER IATA-TARIFKONSULTATIONEN

Der IATA war schon früh nach ihrer Gründung im Jahre 1945 mit der Aufgabe der Tarifkoordinierung eine wichtige Ordnungsfunktion übertragen worden.[61] In den bilateralen Luftverkehrsabkommen, die sich am Bermuda I-Abkommen orientiert haben, sahen die Tarifartikel die Preisfestsetzung durch die IATA vor. Es wurde damit ein Forum für die Entwicklung der Tarife und ein genehmigtes Preiskartell geschaffen.[62] Dies hatte zur Folge, dass die beteiligten Fluggesellschaften nicht in vollem Umfang dem Preiswettbewerb ausgesetzt waren und so in den Anfängen der kommerziellen Luftfahrt ungestört von den Einflüssen des Marktes ihre Dienste

[60] BASEDOW in: IMMENGA und MESTMÄCKER, EG-Wettbewerbsrecht, E. Luftverkehr: VO 3975/87 – Anwendungsregeln, RdNr. 5; Erwägungsgrund 5 der IATA-GVO Nr. 1617/93

[61] Die Gründung der IATA erfolgte am 19.04.1945 in Havanna auf Betreiben der ICAO mit dem Ziel, eine weltweite Interessenvertretung des gewerblichen Luftverkehrs zu schaffen. Die Konstituierung der juristischen Person IATA erfolgte durch Act of Incorporation des kanadischen Parlaments vom 18.12.1945, was automatisch die Rechts- und Parteifähigkeit der IATA in Deutschland nach sich zog; so zustimmend GRAN, IATA, S. 51, STEPPLER, RRa 2005, S. 82 = NJOZ 2005, S. 4368, STEPPLER, Air and Space Law, S. 372 f.; a. A. KEHRBERGER, TranspR, 1996, S. 131, 135, SPECHT, IATA, S. 7; allgemein zu den Aufgaben der IATA: SCHWENK und GIEMULLA, Hdb. LuftverkehrsR, S. 651, weiterführend zu den Aufgaben der IATA GRAN, IATA, S. 15; WITTE et al., S. 22; s. auch Grußwort des Director General und CEO der IATA, GIOVANNI BISIGNANI, in Tagungsunterlage IAI, STEPPLER, ZLW 2005, S. 274f.; vgl. auch IATA, http://www.iata.org/whatwedo, 20.01.2007

[62] KARK, Liberalisierung, S. 85; KEHRBERGER, TranspR, 1996, S. 135; DOGANIS, Flying Off Course, S. 41

anbieten konnten.[63] Die Gründe hierfür sind so vielfältig wie auch offensichtlich. Vordergründig wollten die Staaten ihren Einfluss auf die Tarifgestaltung nicht Preis geben, um den Verbraucher vor überhöhten Tarifen zu schützen. Der Schutz des staatseigenen Betriebs („flag carrier") und die Möglichkeit, die Einnahmenseite durch Erhöhung der Tarife zu kontrollieren, haben sicherlich auf die Regierungen einen gewissen, wenn nicht unwiderstehlichen Reiz ausgeübt. Dies birgt zudem selbst im Falle von Unzulänglichkeiten des Managements die Möglichkeit, die Subventionen im Rahmen zu halten und über die Flugpreise zu regulieren.[64] Gleichzeitig wird durch den Ausschluss des Preiswettbewerbs die Angleichung internationaler Sicherheitsstandards erleichtert.[65] Rückblickend ist es der IATA zu verdanken, einen möglichen Missbrauch der Marktmacht der Kartellmitglieder nicht zugelassen zu haben.[66]

Problematisch erscheint in wettbewerbsrechtlicher Hinsicht das zum damaligen Zeitpunkt vereinbarte Einstimmigkeitserfordernis unter den Teilnehmern an den IATA-Tarifkonferenzen in Bezug auf die Festlegung der Flugtarife. Es führte zwangsläufig bei der Vielzahl der teilnehmenden Fluggesellschaften dazu, dass sich auf den Preis geeinigt werden musste, den die ineffizienteste Gesellschaft akzeptieren konnte, um überlebensfähig zu bleiben.

Aufgrund der Vielzahl der teilnehmenden Luftverkehrsgesellschaften und der Größe des globalen Luftverkehrsmarktes erfolgte zur Koordinierung der Tarife zunächst eine Einteilung des Marktes in drei Tarifzonen und Verkehrsgebiete. Die Aufteilung orientierte sich nicht an der herkömmlichen Geographie und stellt sich wie folgt dar:

[63] Dies wird auch als infant-industry-Argument bezeichnet: Die jungen und neugegründeten Linienfluggesellschaften haben hohe Anfangsinvestitionen und sollen daher keinem ruinösen Konkurrenz- und Preiskampf ausgesetzt sein. Daher werden über staatliche Beteiligungen und Subventionen Anschubfinanzierungen geleistet; vgl. auch WITTMANN, Liberalisierung, S. 30; zum defizitären innerdeutschen Linienflugverkehr und der Entwicklung in Deutschland in der Nachkriegszeit siehe POMPL, Luftverkehr, S. 201

[64] KARK, Liberalisierung, S. 87; KNIEPS, Deregulierung, S. 14

[65] Zu den Folgen und der Effizienz des non-Price-Competition als Substitut des Preiswettbewerbs s. ausführlich PASCHER, Deregulation Policy, S. 101

[66] DOGANIS, Flying Off Course, S. 41

Verkehrsgebiet 1: Nord-, Mittel- und Südamerika einschließlich Grönland und Hawaiische Inseln,
Verkehrsgebiet 2: Europa, Nahost und Afrika,
Verkehrsgebiet 3: Mittel- und Fernost und Australien.

Auf den Konferenzen wurden für die jeweiligen Tarifgebiete Tarifrichtsätze beschlossen, wobei der Verkehr zwischen zwei Verkehrsgebieten auf einer gemeinsamen Sitzung der beteiligten Tarifkoordinierungskonferenzen behandelt wird.[67] Wurden Regeln, die alle drei Verkehrsgebiete betreffen, zur Abstimmung gestellt, wurde eine gemeinsame Sitzung aller drei Tarifkoordinierungskonferenzen gehalten.

Die Tarife selbst wurden durch Basiseinheiten festgelegt. Dies geschah bis in das Jahr 1972 für das Verkehrsgebiet 1 und für die Wasserstrecken Atlantik und Pazifik in US-Dollar. Für die Verkehrsgebiete 2 und 3 wurde das englische Pfund Sterling verwendet. Ein in den Folgejahren unternommener Versuch, eine künstliche Verrechungseinheit („fare construction unit") und durch Rückgriff auf die Sonderziehungsrechte des Internationalen Währungsfonds („special drawing rights") allgemeingültige Bezugsgrößen einzuführen, scheiterte.[68] Seit 1987 werden durch Umrechnung der jeweiligen Landeswährung unter Bezugnahme auf den US-Dollar Passagiertarife in der sog. *Neutral Unit of Construction of Fares* (NUC) dargestellt.[69]

Die Art und Weise der Tariffestsetzung wurde spätestens in den siebziger Jahren des 20. Jahrhunderts von der Dynamik der Veränderungen des Luftverkehrsmarktes, der zunehmenden Konkurrenz durch den Gelegenheitsverkehr und der beginnenden Deregulierung und Liberalisierung auf dem amerikanischen Luftverkehrsmarkt erfasst.[70] Dies führte insgesamt zu einer Lockerung des Tarifbildungssystems. Die Akzeptanz der tradierten Tariffestsetzung nahm damit ab und die Beschlüsse auf den Konferenzen erhielten mehr und mehr den Charakter von richtungsweisenden

---

[67] SCHWENK und GIEMULLA, Hdb. LuftverkehrsR, S. 652; GRÖNER/WOLF, Regulierung und Wettbewerb, S. 15

[68] Internationaler Währungsfond, http://www.imf.org/external/np/fin/data/param_rms_mth.aspx, 01.02.2007

[69] SCHWENK und GIEMULLA, Hdb. LuftverkehrsR, S. 653

[70] SCHWENK und GIEMULLA, Hdb. LuftverkehrsR, S. 651; KNIEPS, Deregulierung, S. 37

Vorschlägen, denen die zwingende Verbindlichkeit mit Fortschreiten der Liberalisierung verloren ging. Durch die starke Zunahme von Luftverkehrsabkommen, die in ihrer Tarifklausel die „double disapproval rule“ enthielten, entstand praktisch die freie Vereinbarkeit der Flugpreise.

Wesentliche Relevanz hat die Tarifkoordinierung zum heutigen Zeitpunkt nur noch auf nicht liberalisierten Märkten und für die Durchführung des IATA-Interlining. Hierfür werden unter den Fluggesellschaften die über die Computerreservierungssysteme veröffentlichten IATA-Tarife abgestimmt. Dies geschieht – nach wie vor – einstimmig, d. h. jede IATA-Fluggesellschaft bzw. teilnehmende Gesellschaft besitzt ein Veto-Recht gegen einen vorgeschlagenen Tarif.[71] Allerdings haben die Beschlüsse lediglich Empfehlungscharakter und haben ihre ehemals bindende Wirkung zwischen den Teilnehmern eingebüßt.

Gegenstand der Interline-Konferenzen sind nicht Vereinbarungen über Preise und Kapazitäten für singulären Verkehr der Gesellschaften, die zueinander in Wettbewerb stehen. Es geht einzig und allein um die Koordinierung der Tarife für den Teilstreckenmarkt und Umsteigeverbindungen unter Beteiligung von mindestens zwei Fluggesellschaften, die insoweit kooperieren. Um eine diesbezügliche Kontrolle zu gewährleisten, ist es unabhängigen Beobachtern freigestellt, an den IATA-Tarifkonferenzen teilzunehmen, wovon Vertreter der Kommission und weiterer Behörden regelmäßig Gebrauch machen. Ob die Teilnahme der Behördenvertreter einen wie auch immer gearteten Einfluss auf mögliche Preisabsprachen hat, darf bezweifelt werden. Wenn sich eine Fluggesellschaft nähere Informationen über die Preisstrukturen eines Mitbewerbers beschaffen will, kann sie dies über die in den Computerreservierungssystemen (*Computerized Reservation System*, CRS) veröffentlichten Tarife tun.[72] In den CRS können nicht lediglich die Tarife für Interline-Verbindungen eingesehen werden, sondern auch die Flugpreise für Beförderungen, die eine Gesellschaft alleine durchführt. Daneben haben die Fluggesellschaften auch Zugriff auf umfangreiche weitere Daten ihrer Mitbewerber, wenn diese denn für sie

[71] DOGANIS, Flying Off Course, S. 40

[72] Es gibt verschiedene Quellen für die Darstellung von Tarifen. Die gängigste und zuverlässigste ist das Fare-Quote-System der CRS; vgl. SABATHIL, Linienflugverkehr, S. 157 m. w. N.

von Interesse sind. Die IATA sammelt und veröffentlicht Verkehrs- und Kapazitätsstatistiken der Luftverkehrsindustrie. Jeden Monat werden die Verkehrsdaten der IATA-Mitgliedsfluggesellschaften in Bezug auf Passagierkilometer, verfügbare Sitzplatzkilometer und Auslastung pro Fluggesellschaft und Route veröffentlicht. Die Daten werden teilweise unabhängig erhoben, teilweise wird auf die Informationen der Fluggesellschaften zurückgegriffen. Jährlich veröffentlicht die IATA die Schlüsselindikatoren der Luftverkehrsindustrie.[73] Die Publikationen enthalten Informationen über Strecken, Kapazitäten, Flottengröße der Fluggesellschaften, Mitarbeiterzahl, etc. Halbjährlich werden Prognosen für die weitere wirtschaftliche Entwicklung der Industrie veröffentlicht. Dies gewährleistet ein erhöhtes Maß an Preistransparenz nicht nur bezogen auf die airlinespezifischen Flugpreise, sondern auch auf die Interline-Tarife.

II.7 ZUSAMMENFASSUNG

Die völkerrechtlichen Grundlagen des Luftverkehrs und die Anerkennung der vorherrschenden Lufthoheitstheorie sind schwerpunktmäßig in bilateralen Luftverkehrsabkommen, die ihren Ursprung in der multilateralen Regelung des Chicagoer Abkommens von 1944 haben, niedergelegt. Die Freiheit eines jeden Staates, den Flugverkehr über dem eigenen Hoheitsgebiet souverän zu regeln, erfährt durch die völkerrechtlichen Verträge eine Einschränkung dieser Freiheit, die jedoch beim Partnerstaat spiegelbildlich eintritt. Die zunächst monopolisierten inländischen Luftverkehrsmärkte eines jeden Staates werden mit Abschluss zweiseitiger Vereinbarungen in ein jeweiliges Duopol transformiert.[74] Das Idealziel einer einzigen multilateralen Vereinbarung bleibt nach wie vor unerreicht. Der einheitliche europäische Luftraum ist hingegen zwischenzeitlich verwirklicht.

Die Anfänge der kommerziellen zivilen Luftfahrt waren geprägt durch eine einzelstaatlich protektionistische Sichtweise – was aufgrund der Erfahrun-

[73] World Air Transport Statistics unter: IATA, http://www.iata.org/ps/publications/9011.htm, 06.02.2007; IATA, http://www.iata.org/ps/intelligence_statistics/index.htm, 20.01.2007

[74] Basedow in: Immenga und Mestmäcker, EG-Wettbewerbsrecht, E. Luftverkehr: VO 3975/87 – Anwendungsregeln, RdNr. 4

gen der vorangegangenen beiden Weltkriege nur allzu gut nachvollzogen werden kann. Mehrere Jahrzehnte konnte durch die Beschränkung des Preiswettbewerbs die Staatengemeinschaft einen funktionierenden Luftverkehrsmarkt entstehen lassen und so auch dem Auftrag zur Daseinsvorsorge nachkommen. Der Einfluss der bilateralen Abkommen auf das Verhalten der Luftverkehrsgesellschaften war auf die Übertragung der Kompetenz der Festsetzung der Flugtarife auf das Preiskartell der IATA beschränkt.[75]

Mit der Festigung der Position der Luftverkehrsmärkte geht die fortschreitende Deregulierung und Liberalisierung einher. Die Wettbewerbshüter sind diesbezüglich wacher denn je und wollen auf europäischer Ebene ihrem Auftrag zur Verwirklichung des Binnenmarktes durch Einführung eines liberalen Systems der unabhängigen, individuellen Preisgestaltung gerecht werden. Es rückt damit die Durchsetzung des Kartellverbots und die Abschaffung des bisherigen Systems bilateraler Abkommen in den allgemeinen Fokus, was mit einer dynamischen Veränderung der Aufgaben der IATA hinsichtlich der Durchführung der Passagiertarifkonferenzen einher geht. Es scheinen sich insoweit die Entwicklungen auf dem US-amerikanischen Luftverkehrsmarkt der siebziger Jahre des vergangenen Jahrhunderts nun in Europa zu wiederholen.

[75] BASEDOW in: IMMENGA und MESTMÄCKER, EG-Wettbewerbsrecht, a. a. O.

III BEDEUTUNG UND SYSTEM DES IATA-INTERLINING UND ANDERER KOOPERATIONSFORMEN

Nach dem Ende der einheitlichen Preisfestlegung spielt die Tarifbildung zur Durchführung des IATA-Interlining in wettbewerbsrechtlicher Hinsicht nach wie vor eine erhebliche Rolle. Ob dies zukünftig noch der Fall sein wird, ist nun zu untersuchen.

III.1 IATA-INTERLINING

Vertragliche Grundlage für das IATA *Multilateral Interline System* (MIS) ist das *Multilateral Interline Traffic Agreement* (IATA-MITA). Hierbei handelt es sich um eine multilaterale Vereinbarung zwischen IATA-Mitgliedsfluggesellschaften oder aber auch non-IATA-Fluggesellschaften, die sich zur gegenseitigen Akzeptanz ihrer Flugscheine und Luftfrachtbriefe („Airway Bills“) zu einem im Vorhinein festgelegten Tarif verpflichtet haben. Den teilnehmenden Fluggesellschaften wird daher ein mühsames Aus- und Verhandeln bilateraler Vereinbarungen erspart. Das Partizipieren am Interlining ist nicht an die Mitgliedschaft in der IATA gebunden. Ebenso ist die Teilnahme an den Tarifkonferenzen den Gesellschaften freigestellt.[76]

Die Vereinbarung zwischen den Fluggesellschaften erlaubt es den Fluggästen, nahezu jeden Punkt der Erde auf einer Route, die den eigenen Vorstellungen und Bedürfnissen entspricht, unter Inanspruchnahme der Flugpläne einer Vielzahl von Luftverkehrsgesellschaften zu erreichen. Die Wahl- und Reisemöglichkeiten der Passagiere erhöhen sich hierdurch erheblich. Die Fluggesellschaften können auch komplexeste Reiserouten mit einer Vielzahl von Umsteigeverbindungen in der Gewissheit zusammenstellen, dass das auf ihre Gesellschaft ausgestellte Ticket von den am

---

[76] vgl. IATA, http://www.iata.org/pressroom/facts_figures/fact_sheets/IATA_Tariff_Conference.html, 19.02.2007

Interlining beteiligten Fluggesellschaften anerkannt wird und somit zur Beförderung berechtigt. Damit wird Zugang zu den knapp 4 000 weltweit existierenden Flughäfen, die von Linienfluggesellschaften angeflogen werden, gewährleistet. Das Interlining schafft insoweit Kombinationsmöglichkeiten von Luftverkehrsdiensten, die eine einzelne Gesellschaft, aber auch eine Allianz von Luftverkehrsunternehmen in dieser Breite nicht darstellen kann. Es handelt sich somit um ein System, das vornehmlich im Sinne und von erheblicher Bedeutung für den Fluggast und Verbraucher ist. Die einzelnen Fluggesellschaften haben selbstverständlich ein Interesse daran, die Passagiere so lange wie möglich auf ihren eigenen Flugzeugen oder aber den Maschinen ihrer Allianzpartner zu befördern und nicht den Fluggast an einen direkten Konkurrenten zu verlieren.

Die Standardisierung dieses Verfahrens durch den Luftverkehrsdachverband IATA schafft zudem einen höheren Grad an Abwicklungssicherheit, als dies jede alternative Kooperationsform liefern kann. In den Allianzen ändern sich die teilnehmenden Fluggesellschaften oder bilaterale Interline- oder Code-Share-Vereinbarungen werden gekündigt.[77] Eine Planungssicherheit für die Zukunft auch angesichts der sich ändernden gesetzgeberischen Rahmenbedingungen scheint insoweit nur das MIS zu gewährleisten. Durch die weiter fortschreitende Liberalisierung der Märkte und der damit einhergehenden Konsolidierung besteht die Gefahr, dass Streckennetze in der heute bekannten Form reduziert werden. Das Interlining könnte diese Entwicklungen auffangen, indem nur dieses System die nahezu uneingeschränkten Kombinationsmöglichkeiten bietet. Selbst wenn man davon ausgeht, dass eine Vielzahl der Beförderungen durch einfache Punkt-zu-Punkt-Verbindungen, ohne die Notwendigkeit umzu-

[77] Laut Pressemitteilung der Luftfahrtallianz ONEWORLD vom 27.09.2006 wird die Fluggesellschaft Aer Lingus die Allianz verlassen; vgl. ONEWORLD, http://www.oneworld.com/ow/news/details?objectID=8613, 25.02.2007; Neuzugänge per 01.04.2007 sind die ungarische Gesellschaft Malév, die Japan Airlines (JAL) und die Fluggesellschaft Royal Jordanian; vgl. Pressemitteilung vom 01.02.2007, ONEWORLD, http://www.oneworld.com/ow/news/details?objectID=9444, 25.02.2007; die Luftfahrtallianz Star Alliance, der die Deutsche Lufthansa AG angehört, hat den Beitritt der türkischen nationalen Fluglinie Turkish Airlines in den nächsten 18 Monaten angekündigt, vgl. STAR ALLIANCE SERVICES GMBH, http://www.staralliance.com/de/press/press_releases/2006/20061209_starallianceturkishairlines.html, 25.02.2007

steigen, bewerkstelligt werden können, bleibt insbesondere für Geschäftsreisende die Option, auch kurzfristig die Reiseroute ändern zu können, von hoher Relevanz. Unabhängig von der Anzahl der Flüge ist nur die Ausstellung eines einzigen Tickets erforderlich; die Abrechnung zwischen den Fluggesellschaften erfolgt durch eine einzige Transaktion. Der Fluggast wird in seiner Währung belastet und das ICH übernimmt die Ticketabrechnung und die Saldierung der einzelnen durch verschiedene Anbieter durchgeführten Flüge.

Mit dem MIS hat die IATA ein System entwickelt, von dem alle Beteiligten (Passagiere, Flughäfen, Luftverkehrsgesellschaften) profitieren können. Abgelegene Flughäfen sind leichter zu erreichen; regionale Fluggesellschaften können zu den Umsteigeflughäfen („Hubs") komfortablere Verbindungen anbieten. Gleichzeitig ist dies von nicht zu unterschätzendem Wert für den einzelnen Fluggast, da die Flugscheine in ihrer Kombination günstiger sind als die Summe der Einzeltickets. Zusätzlich ist es den Fluggesellschaften freigestellt, Abschläge auf den Abschnitt der Beförderung zu gewähren, den sie selbst vornehmen. Die auf den Konferenzen vereinbarten Tarife stellen damit die absolute Obergrenze für eine Umsteigeverbindung dar.

Die konkreten Auswirkungen werden durch folgendes Beispiel verdeutlicht:[78] Zwischen Budapest und Edinburgh gibt es keine direkte Linienflugverbindung. Ein Fluggast ist also gezwungen, eine Umsteigeverbindung zu wählen, um sein Ziel zu erreichen. Unter Zugrundelegung des IATA-Tarifs ergeben sich 12 Transferflughäfen (Amsterdam, Brüssel, Frankfurt, Hamburg, Köln, Kopenhagen, London, Mailand, Manchester, Paris, Prag, Zürich). Aufgrund verschiedener Abflugzeiten und der konkreten Slotzuweisung der einzelnen Fluggesellschaften sind nicht alle Strecken täglich oder zu den gewünschten Zeiten verfügbar.[79] Unabhängig davon, welche Strecke der Fluggast wählt, zahlt er für jede Verbindung den identischen

[78] IATA Discussion Paper on Posted Prices, S. 3 unter: IATA, http://www.iata.org/whatwedo/policies_regulations/government_industry/block_exemption.htm, 20.01.2007; IATA, http://www.iata.org/nr/rdonlyres/8ceee08d-5020-44b8-b888-03f9e8f147ca/42527/postedpricespaper99.pdf, 18.02.2007

[79] Slot = Zeitnische (Start- und/oder Landezeit), s. SCHWENK und GIEMULLA, Hdb. LuftverkehrsR, S. 78 f.

Flugpreis. Denkbar ist eine Verbindung Budapest – Zürich – Brüssel – Edinburgh oder Budapest – Wien – Brüssel – Edinburgh. Darüber hinaus ist der Passagier nicht daran gehindert, die Reise weitere Male zu unterbrechen. Dies geschieht ebenfalls ohne Einfluss auf den Reisepreis, wenn die Gesamtstrecke um nicht mehr als 20 % verlängert wird. Zudem kann die Hinreise auf einer anderen Route und mit mehr oder weniger Zwischenstopps erfolgen als die Rückreise.

Diese Optionen versteht die Luftverkehrsindustrie als Ergänzung zu den eigenen Diensten einer Fluggesellschaft, ungeachtet, ob diese alleine, auf der Grundlage bilateraler Interline-Vereinbarungen oder in einer Allianz erbracht werden. Nicht zu vernachlässigen ist auch die Tatsache, dass die Teilnahme am MIS allen Fluggesellschaften frei gestellt ist. So führt die Mitgliedschaft in der IATA nicht automatisch zur Teilnahme am Interline-Verfahren. Hierfür ist ein separater Rechtsakt, nämlich die Unterzeichnung des MITA notwendig. Hierzu haben sich von den weltweit etwa 800 Fluggesellschaften etwas mehr als 350 Fluggesellschaften, hiervon 260 IATA-Mitglieder, entschieden. An den Tarifkonferenzen nehmen momentan 124 Linienfluggesellschaften teil.[80]

Zudem hat das Interlining auch wirtschaftlich erhebliche Bedeutung. Für das Jahr 2001 wurde geschätzt, dass die weltweite Beförderung von Passagieren und Fracht im Rahmen des Interlining zum Gegenwert von etwa 25 Mrd. US$ erfolgte.[81] Auf Strecken mit Start innerhalb der Gemeinschaft beläuft sich der Anteil der Umsteigeverbindungen auf etwa 20 %, vgl. Anhang F „Darstellung der Reiseverläufe", S. 89. Die im Wege des Interlining erbrachten Beförderungen betragen nach Angaben der Kommission insgesamt 3 %.[82]

---

[80] vgl. IATA, http://www.iata.org/pressroom/facts_figures/fact_sheets/IATA_Tariff_Conference.htm, 01.02.2007

[81] EU, http://ec.europa.eu/comm/competition/antitrust/others/1617/german_t_e_ministeries_de.pdf, 18.02.2007

[82] EU, Memo/06/359 v. 02.10.2006

III.2 WEITERE KOOPERATIONSFORMEN IM LUFTVERKEHR

Neben dem multilateralen Interlining kooperieren Luftverkehrsunternehmen in vielfältiger Form. Die Kooperationen reichen von der gemeinsamen Nutzung von Infrastruktur (Check-in- und Ticket-Schalter, Gestattung der gegenseitigen Benutzung von Business Lounges, etc.) über die Koordinierung von Vielfliegerprogrammen und Flugplänen, gemeinsames Marketing und Verkauf (gemeinsames e-commerce und Benutzung der CRS), den Abschluss rein bilateraler Interlining-Vereinbarungen und der Verbindung von Verkehrsdiensten unter der gleichen Flugnummer (Code-Sharing) bis hin zum multilateralen Bündnis einer Allianz von verschiedenen Luftverkehrsgesellschaften (vgl. Star Alliance, oneworld, SkyTeam, Wings, Qualifier, etc.).[83]

Der wettbewerbsrechtliche Einfluss kann ganz unterschiedliche Ausprägungen besitzen. Stark ist dieser anerkanntermaßen bei der Bildung von Luftverkehrsallianzen, da die gemeinsame Durchführung der Dienste die Marktposition der alliierten Luftverkehrsunternehmen durch die Vermeidung der Fehlallokation von Ressourcen stärkt.

Durch die Kooperation in der Allianz erfolgt eine Abgrenzung zu den Unternehmen anderer konkurrierender Allianzen oder nicht gebundenen Luftverkehrsgesellschaften. Sie ist eine auf Dauer angelegte Zusammenarbeit von zwei oder mehreren Fluggesellschaften zur Kombination der Streckennetze. Je nach Ausprägung kann die Zusammenarbeit intensiver oder lockerer sein. Gemeinsames Ziel ist aber jeweils, Synergieeffekte zu erzielen.[84] Die Bildung von Allianzen kann als Reaktion auf die Liberalisierung des Luftverkehrs sowohl auf dem US-amerikanischen als auch dem europäischen Markt verstanden werden. Mittlerweile ist die Bildung von Allianzen sowohl innergemeinschaftlich als auch gegenüber Drittstaaten von den EU-Wettbewerbsregeln voll erfasst und hat sich hieran, insbesondere an Art. 81 Abs. 3 EGV messen zu lassen.[85]

---

[83] vgl. Star Alliance Services GmbH, http://www.staralliance.com, 20.01.2007; oneworld, http://www.oneworld.com, 20.01.2007; SkyTeam, http://www.skyteam.com, 20.01.2007

[84] KREIS in: LOEWENHEIM et al., 7. Teil Verkehr, RdNr. 117

[85] Verordnung (EG) Nr. 411/2004 des Rates zur Aufhebung der Verordnung (EWG) Nr. 3975/87 und zur Änderung der Verordnung (EG) Nr. 1/2003 hinsichtlich des Luft-

Das Code-Sharing bildet die Grundlage für die praktische Handhabung einer Allianz. Nach der Definition des Bundesministeriums für Verkehr handelt es sich hierbei um eine Kooperationsform von Luftfahrtunternehmen, bei der diese Unternehmen Verkehrsdienste im eigenen Namen unter Nutzung (oder unter Mitbenutzung) der Dienste einer anderen Gesellschaft anbieten.[86] Hierzu verwenden die Luftverkehrsgesellschaften ihren IATA-Code und ihre Flugnummer auf dem durch die kooperierende Fluggesellschaft durchgeführten Flug, ohne selbst Fluggerät oder Personal für die Beförderung zur Verfügung zu stellen.[87] Der Beförderungsvertrag kommt zwischen Fluggast und vertraglichem Luftfrachtführer, der den Transport versprochen hat, zustande.[88] Die tatsächliche Beförderung nimmt jedoch der ausführende Luftfrachtführer, also der Code-Sharing-Partner, dessen Fluggerät benutzt wird, vor. Die Luftverkehrsgesellschaften erzielen durch diese Kapazitätsaufteilung eine Verringerung des Auslastungsrisikos.[89] Im Gegensatz zum Interlining kommt es hierbei nicht zur Übernahme des Fluggastes durch einen weiteren Luftfrachtführer, sondern es wird ein fremder Fluggast mit fremder Flugnummer mitbefördert. Beim Interlining wird ein eigener Fluggast mit eigener Flugnummer unter Akzeptanz eines fremden Flugscheins befördert.[90]

Daneben kooperieren Fluggesellschaften zusätzlich im Rahmen bilateraler Interlining-Vereinbarungen. Dies geschieht außerhalb des IATA-MITA, wenn es sich bei den Fluggesellschaften z. B. nicht um IATA-Mitgliedsgesellschaften handelt oder diese am MIS nicht teilnehmen, da sie ledig-

verkehrs zwischen der Gemeinschaft und Drittländern, ABl. L 68, 1 vom 06.03.2004

[86] Verkehrspolitische Leitlinien LR 12-Code-Sharing vom 05.12.1995; ähnlich GANSFORT, FS für WERNER GULDIMANN, S. 77, 86; zu den Grundlagen des Code-Sharing, den verschiedenen theoretischen Ansätzen und Definitionen siehe umfassend GÖTTING, Code-Sharing, S. 38 ff.

[87] Unter dem IATA-Code versteht man ein durch die IATA für jede Luftverkehrsgesellschaft gemäß IATA Resolution 762 zugeteiltes Namenskürzel, z. B. Lufthansa LH, British Airways BA, usw. Daneben gibt es durch die ICAO vergebene Airline Designator, die sich aus drei Buchstaben zusammensetzen, z. B. Lufthansa DLH, British Airways BAW, usw.; vgl. IATA, http://www.iata.org/whatwedo/aircraft_operations/coding/index.htm, 24.02.2007

[88] RUHWEDEL, Luftbeförderungsvertrag, RdNr. 3

[89] MÜLLER-ROSTIN, NZV 2002, S. 69

[90] GIEMULLA und VAN SCHYNDEL, TranspR, 1997, S. 253

lich regionale Bedeutung haben oder nur Zubringerflüge abwickeln oder aufgrund bestimmter Flugplanstrukturen für die Weiterbeförderung nur für wenige übernehmende Fluggesellschaften von Interesse sind.[91]

[91] So bietet die *Ostfriesische Lufttransport GmbH* (OLT) mit Sitz in Emden auf der Grundlage eines bilateralen Interline Agreement mit der isländischen Fluggesellschaft Icelandair eine Verbindung Bremen-Kopenhagen-Reykjavik an; vgl. OLT GMBH, http://www.olt.de/index.php?id=39&L=0, 20.01.2007

IV ERLASS DER VERORDNUNG (EG) NR. 1459/2006

Mit dem Inkrafttreten der Verordnung (EG) Nr. 1459/2006 endete zum 01.01.2007 die Freistellung der IATA-Tarifkonferenzen für die Beförderung auf Strecken innerhalb der Gemeinschaft. Zwar will die Kommission damit lediglich verhindern, dass die Tarifkonsultationen über das Ziel hinausgehen, das Interlining zu erleichtern. De facto wird durch das Verbot der Durchführung der IATA-Tarifkonferenzen für Interlining-Verbindungen des innergemeinschaftlichen Flugverkehrs das multilaterale Interlining in der bisher bekannten Form unmöglich gemacht. Für die Abhaltung von Konsultationen über Tarife im Linienflugverkehr zwischen Orten der Gemeinschaft und Orten in Australien oder in den USA wurde eine befristete Freistellung bis zum 30.06.2007 erteilt. Für Konsultationen zwischen Orten der Gemeinschaft und weiteren Orten in Drittländer – ausgenommen Australien und den USA – gilt eine befristete Freistellung bis zum 31.10.2007.

IV.1 ABLAUF DES ANHÖRUNGSVERFAHRENS VOR ERLASS DER VERORDNUNG (EG) NR. 1459/2006

Mit Veröffentlichung eines Konsultationspapiers am 30.06.2004 hat die Generaldirektion Wettbewerb die Diskussion hinsichtlich der Verlängerung der IATA-GVO Nr. 1617/93 in Gang gesetzt.[92] Die Kommission legt in diesem Papier ihre Auffassung dar, wonach die IATA-Passagiertarifkonferenzen auf Strecken zu Drittländern eine Erleichterung des Transports darstellen. Dies gilt nach Ansicht der Kommission jedoch nicht für den Luftverkehr zwischen den einzelnen Mitgliedstaaten innerhalb der Gemeinschaft.[93] Umsteigeverbindungen innerhalb der Gemeinschaft und damit

[92] Das Konsultationspapier der GD Wettbewerb ist abrufbar unter: EU, http://ec.europa.eu/comm/competition/antitrust/others/consultation_paper_en.pdf, 07.02.2007

[93] Konsultationspapier der GD Wettbewerb a. a. O., S. 15

das Interlining und schlussendlich die Notwendigkeit für die Tarifkoordinierung auf diesen Strecken durch die IATA hätten nur marginale Bedeutung. Die Kommission beabsichtigt daher, die Gruppenfreistellungsverordnungen nach und nach auslaufen zu lassen, da Ausnahmen zum Kartellverbot des Art. 81 Abs. 3 EGV und damit Absprachen zwischen den Fluggesellschaften nur dann gerechtfertigt sind, wenn die Vorteile für den Verbraucher klar erkennbar sind und diese Vorteile die Nachteile aufgrund der Wettbewerbsbeschränkung überwiegen. Diese Vorteile sind aber nach Ansicht der Kommission auf dem reinen innergemeinschaftlichen Verkehr nicht hinreichend deutlich.[94]

Mit der Veröffentlichung des Konsultationspapiers hat die Generaldirektion Wettbewerb alle Interessierten eingeladen, zu der in Aussicht gestellten verweigerten Verlängerung der Gruppenfreistellungsverordnung und zur Position der Kommission Stellungnahmen abzugeben. Hiervon wurde insgesamt 52mal Gebrauch gemacht.[95] Diese Stellungnahmen sind in ein weiteres Diskussionspapier eingeflossen, auf welches nochmals die Möglichkeit zu weiteren und vertieften Darlegungen geschaffen wurde.[96]

Eine Bündelung der Meinungsbildung der in ihr organisierten Fluggesellschaften hat die IATA durchgeführt. Sie wird damit ihrer Führungsrolle auf dem Luftverkehrssektor sowie ihrer Aufgabe hinsichtlich der Tarifkoordinierung auf den IATA-Tarifkonferenzen gerecht. Mit umfassenden Gutachten, Stellungnahmen und Positionspapieren versuchte die IATA, die Kommission von der wettbewerbsrechtlichen Notwendigkeit der Verlängerung der Gruppenfreistellungsverordnung auch für den innergemeinschaftlichen Luftverkehr zu überzeugen.[97] Dies blieb jedoch ohne Erfolg.

---

[94] Rapid Press Release, IP/05/289, EU, http://europa.eu/rapid/pressReleasesAction.do?reference=IP/05/289&format=HTML&aged=1&language=DE&guiLanguage=en, 24.02.2007

[95] Die nach der Veröffentlichung des Konsultationspapiers im Juni 2004 eingegangenen Erwiderungen und Bemerkungen sind abrufbar unter: EU, http://europa.eu.int/comm/competition/antitrust/others/1617/contributions.html, 20.01.2007; s. auch http://www.iata.org/whatwedo/policies_regulations/government_industry/block_exemption.htm, 20.01.2007

[96] Das Diskussionspapier der GD Wettbewerb ist abrufbar unter: EU, http://ec.europa.eu/comm/competition/antitrust/others/discussion_paper_en.pdf, 20.01.2007; EU, http://ec.europa.eu/comm/competition/antitrust/others/1617bis/iata2005.pdf, 20.01.2007

[97] IATA, http://www.iata.org/whatwedo/policies_regulations/government_industry/

Durch Erlass der Verordnung (EG) Nr. 1459/2006 am 28.09.2006 hat die Kommission die avisierten Änderungen Gesetz werden lassen. Die bereits am 30.06.2005 ausgelaufene Gruppenfreistellung für den innergemeinschaftlichen Interlining-Verkehr wurde nicht verlängert, und die IATA-Konferenzen sind daher vom Kartellverbot des Art. 81 Abs. 3 EGV voll erfasst. Die Tarife für den Teilstreckenmarkt dürfen nach dem 31.12.2006 nicht mehr durch die IATA auf Passagiertarifkonferenzen koordiniert werden.

IV.2 POSITION DER LINIENFLUGGESELLSCHAFTEN UND STELLUNGNAHME

Zunächst wenden sich die Fluggesellschaften gegen die Annahme der Kommission, das momentan durchgeführte Interlining-Verfahren verstoße aufgrund der auf den Passagiertarifkonferenzen abgestimmten Preise gegen Wettbewerbs- und Kartellrecht.[98] Diese auf den ersten Blick gewagte These, kann bei näherer Betrachtung überzeugen.

Für den unvoreingenommenen Betrachter stellt sich das freigestellte Verfahren wie folgt dar: IATA-Linienfluggesellschaften sind untereinander Wettbewerber. Diese Wettbewerber treffen sich auf Tarifkonferenzen, um Informationen auszutauschen und Preise abzustimmen, die sie schließlich auf Strecken anwenden wollen, auf welchen sie sich wieder als Wettbewerber gegenüberstehen. Dies ist prima facie eine klassische horizontale Preisabsprache bzw. ein Preiskartell, ein Urtypus der wettbewerbswidrigen Handlung.[99]

Eine solch rein formalistische Betrachtungsweise wird hingegen dem komplexen Vorgang bzw. dem gemeinsamen Produkt des multilateralen Interlining und den damit in Zusammenhang stehenden Beförderungspreisen nicht gerecht. Dies selbst dann nicht, wenn man den Begriff der wett-

block_exemption.htm, 18.02.2007

[98] IATA, http://www.iata.org/NR/ContentConnector/CS2000/Siteinterface/sites/mgr/file/Executive_Summary.pdf, 18.02.2007

[99] EMMERICH in: IMMENGA und MESTMÄCKER, EG-Wettbewerbsrecht, Art. 85, RdNr. 6; GIPPINI-FOURNIER in: LOEWENHEIM et al., KartellR, Art. 81 Abs. 1, RdNr. 112

bewerbsrechtlichen Preisabsprache im denkbar weitesten Sinne versteht. Nach herrschendem Verständnis sind Preiskartelle auf allen Handelsstufen verboten. Es wird nicht unterschieden, ob es zu einer mittelbaren oder unmittelbaren Fixierung der Preise kommt. Vielmehr soll jede kollektive Einflussnahme auf die Preisbildungsfreiheit der Unternehmer verhindert werden.[100] Dabei darf jedoch nicht außer Acht gelassen werden, dass dieses Verständnis immer auf ein direktes Wettbewerbsverhältnis zwischen den Unternehmern zielt und nicht das Angebot eines gemeinsamen Produkts zum Gegenstand hat.[101]

Schon mit Blick auf die vertragliche Grundlage des IATA-MITA handelt es sich beim Interlining um eine Beförderungsart, die eine Fluggesellschaft unmöglich allein erbringen kann. Per definitionem erfolgt die Beförderung durch mindestens zwei am MIS teilnehmende Fluggesellschaften. Es findet daher auf den Tarifkonferenzen keine Diskussion über die Beförderungsentgelte statt, die Fluggesellschaften auf ihren originären individuell angebotenen Strecken erheben, also auf Liniendiensten, die diese alleine durchführen. Noch viel weniger kommt es zu bindenden Preisabsprachen auf den Konferenzen über diese Tarife. Voraussetzung für die Annahme eines klassischen Preiskartells ist aber die Verständigung der Mitglieder des Kartells über die Höhe des Preises, zu dem die eigenen Produkte auf dem Markt angeboten werden. Ansonsten fehlt es an einer Beschränkung des Wettbewerbs.[102]

Immer dann, wenn zwei oder mehr Unternehmen kooperieren, um eine Leistung am Markt zu erbringen, die keines der Unternehmen in der Lage ist, alleine anzubieten, fehlt es an einer Wettbewerbsbeschränkung.[103] Hierbei wird nicht unterschieden, ob die Unternehmen einem Industriezweig oder verschiedenen Industrien angehören. Es ist auch unerheblich, ob die kooperierenden Unternehmen bei der Erbringung bestimm-

---

[100] EMMERICH in: IMMENGA und MESTMÄCKER, EG-Wettbewerbsrecht, Art. 85, RdNr. 8

[101] GIPPINI-FOURNIER in: LOEWENHEIM et al., Art. 81 Abs. 1, RdNr. 105

[102] GIPPINI-FOURNIER in: LOEWENHEIM et al., Art. 81 Abs. 1, RdNr. 1

[103] Bekanntmachung über Vereinbarungen, Beschlüsse und aufeinander abgestimmte Verhaltensweisen, die eine zwischenbetriebliche Zusammenarbeit betreffen v. 29.07.1969 (Kooperationsbekanntmachung), ABl. 1968 C 75/3, berichtigt in ABl. 1968 C 93/3, Ziff. II. 5; WIEDEMANN/SCHROEDER (1999), Hdb. KartellR, § 8 RdNr. 259

ter Dienstleistungen konkurrieren und bei der Erbringung einer anderen Dienstleistung, die sie nicht allein vornehmen können, zusammenarbeiten.

Daneben wenden sich die Linienfluggesellschaften gegen eine weitere Annahme der Kommission. Nach ihrer Auffassung stellen die Tarifkonferenzen insofern eine Wettbewerbsbeschränkung dar, als die teilnehmenden Gesellschaften nicht umhinkommen, sich auch hinsichtlich ihres übrigen Flugverkehrs außerhalb von Interlining-Verbindungen an den auf den Tarifkonferenzen vorgeschlagenen Preisen zu orientieren.[104] Es wird eine Verbindung vermutet zwischen den IATA-Tarifen und den Haustarifen der Fluggesellschaften für identische Strecken. Auch diese Befürchtung ist nicht gerechtfertigt, denn aufgrund der qualitativen Unterschiede zwischen den verschiedenen Produkten besteht ein solcher Zusammenhang gerade nicht. Eine Interline-Verbindung bietet weitere Vorteile als eine reine Punkt-zu-Punkt-Verbindung. Es ist daher nicht zu befürchten, dass eine Preisanpassung dahingehend erfolgen wird, dass beide Flugscheine zu ein und demselben Preis angeboten werden. Aufgrund dieser Produktdifferenzierung wird auch keine strukturelle Anpassung der Preise erfolgen.[105]

Zudem darf diesbezüglich der Wettbewerb mit den „Billigfluggesellschaften", wie z. B. Ryanair und easyjet nicht ausgeblendet werden. Diese teilweise noch jungen Gesellschaften operieren nach einem anderen Geschäftsmodell als die klassischen Linienfluggesellschaften.[106] Sie bie-

[104] kritisch zum kompetitiven Charakter des IATA-Interlining insgesamt s. HAGLEITNER, Strategische Allianzen, S. 55

[105] CRA, Gutachten I, S. 8

[106] Die irische Fluggesellschaft Ryanair macht das auf ihrer Homepage deutlich. Unter der Rubrik „Reisefragen" wird auf die Frage „Kann ich mit Ryanair einen Anschlussflug buchen?" geantwortet: „Nein. Ryanair ist eine Fluggesellschaft, die sich auf die eigentliche Flugbeförderung auf einer Flugstrecke konzentriert. Wir sind aus diesem Grund nicht in der Lage, für die Beförderung von Fluggästen oder Reisegepäck zu Anschlussflügen von Ryanair oder anderen Fluggesellschaften zu sorgen. Wir empfehlen daher, Anschlussflüge nicht über Ryanair oder bei einer anderen Fluggesellschaft oder einem sonstigen Beförderungsunternehmen zu buchen. Ryanair übernimmt keinerlei Garantie für das Erreichen von Anschlussverbindungen und folglich keine Haftung für etwaige Verluste oder Kosten, die durch das Versäumen einer Anschlussverbindung entstehen können." – Ryanair Ltd., http://www.ryanair.com/site/DE/faqs.php?sect=pnr&

ten schwerpunktmäßig Punkt-zu-Punkt-Verbindungen an und verzichten auf das Angebot von Umsteigeverbindungen.[107] Nicht zuletzt durch diese Konkurrenz sind die Flugpreise in den letzten zehn Jahren um nahezu 30 % gesunken.[108] Die IATA-Tarife sind dagegen in dem Zeitraum Mai 2001 bis August 2004 nominal um 10,3 % gestiegen. Real lag die Steigerungsquote bei 3,5 %.[109]

quest=connections, 29.01.2007

[107] Die zweitgrößte deutsche Fluggesellschaft Air Berlin Plc. & Co. Luftverkehrs KG ist im Jahre 2004 mit der N. L. Luftfahrt GmbH (Fly Niki) von Niki Lauda die erste Low-Fare-Allianz eingegangen; s. Pressemitteilung Michael Seipelt, http://www.business-travel.de/news/8000, 20.01.2007

[108] IATA, http://www.iata.org/pressroom/facts_figures/fact_sheets/IATA_Tariff_Conference.htm, 20.01.2007

[109] CRA, Gutachten I, S. 93

V VEREINBARUNG DER VERSAGUNG VON IATA-TARIFKONFERENZEN MIT ART. 81 ABS. 3 EGV

Ob die verweigerte Verlängerung der ausgelaufenen Gruppenfreistellungsverordnung tatsächlich mit materiellem Gemeinschaftsrecht in Einklang steht, ist fraglich. Wie bereits beschrieben, kann ein verbotenes Zusammenwirken zur Beschränkung des Wettbewerbs nicht erkannt werden. Ob ein Verstoß gegen Gemeinschaftsrecht auch für die versagte Freistellung vom Kartellverbot nach Art. 81 Abs. 3 EGV gilt, wird im Folgenden untersucht.

Unproblematisch nimmt die Kommission die Zulässigkeit der Freistellung und damit die Erfüllung der Voraussetzungen des Art. 81 Abs. 3 EGV für IATA-Tarifkonsultationen bei der Beförderung zwischen Orten der Gemeinschaft und Orten in Drittländern an.[110] Für die Beförderung auf Strecken innerhalb der Gemeinschaft soll dies nicht gelten.

Für eine Freistellung nach Art. 81 Abs. 3 EGV sind kumulativ vier Voraussetzungen (zwei negative und zwei positive) zu erfüllen. Die Vereinbarung muss:

1. der Verbesserung der Warenerzeugung und -verteilung sowie der Förderung des technischen und wirtschaftlichen Fortschritts dienen;
2. eine angemessene Beteiligung der Verbraucher am Gewinn gewährleisten;

und darf nicht:

3. den beteiligten Unternehmen Beschränkungen auferlegen, die für die Verwirklichung des Kartells unerlässlich sind;

---

[110] Verordnung (EG) Nr. 1459/2006, Erwägungsgrund (16) lautet: „Man kann mit einiger Sicherheit davon ausgehen, dass Konsultationen über Tarife für die Beförderung von Passagieren mit ihrem Gepäck auf Linienflügen zwischen Orten in der Gemeinschaft und Orten in Drittländern derzeitig die Voraussetzungen von Artikel 81 Absatz 3 EG-Vertrag erfüllen. Die Luftverkehrsmärkte verändern sich jedoch schnell. Eine kurzzeitige Gruppenfreistellung sollte deshalb für derartige Konsultationen bis 31. Oktober 2007 erteilt werden."

4. Möglichkeiten eröffnen, dass für einen wesentlichen Teil der vertriebenen Waren oder Dienstleistungen der Wettbewerb ausgeschaltet wird.

V.1 ART. 81 ABS. 3 EGV – BETRIEBSWIRTSCHAFTLICHE VORTEILE

Die Vereinbarung, von der Freistellung erteilt werden soll, muss insgesamt vorteilhaft sein. Es reicht nicht aus, dass die Absprache für die Unternehmen vorteilhaft ist, was regelmäßig der Fall sein wird.[111] Die Vereinbarung muss zur Verbesserung der Warenerzeugung oder -verteilung beitragen oder aber der Förderung des technischen oder wirtschaftlichen Fortschritts dienen und etwaige Nachteile überwiegen.[112] Die Vor- und Nachteile sind gegeneinander abzuwägen. Um dies beurteilen zu können, ist eine quantitative Analyse durch Erstellung einer wirtschaftlichen Bilanz notwendig.[113] Sollte es an etwaigen empirischen Erhebungen hinsichtlich der Nachteile einer Vereinbarung fehlen, stellt jeder positive Effekt einen Vorteil im Sinne der Vorschrift dar.[114]

Die Vorteile des IATA-Interlining bestehen gegenüber den Fluggästen im Angebot bequemerer Umsteigeverbindungen zu einem geringeren Preis als bei der Kombination der Einzelverbindungen. Die Flexibilität der Verbindungen ist gerade für zeitsensible Reisende von hohem Wert. Immer dann, wenn keine direkte Verbindung zwischen zwei Flughäfen besteht, und ein Passagier auf einen Stoppover angewiesen ist, kommen die Vorteile des IATA-Interlining zum Tragen. Gleiches gilt, wenn Direktflüge mit geringer Frequenz angeboten werden oder diese ausgebucht sind. Die Umsteigeverbindung ist dann auch eine Alternative zu einer reinen Punkt-zu-Punkt-Verbindung.

---

[111] MEESSEN in: LOEWENHEIM et al., KartellR, Art. 81 Abs. 3, RdNr. 18; SAUTER in: IMMENGA und MESTMÄCKER, EG-Wettbewerbsrecht, Art. 85, RdNr. 2

[112] MEESSEN in: LOEWENHEIM et al., KartellR, Art. 81 Abs. 3, a. a. O.; SAUTER in: IMMENGA und MESTMÄCKER, EG-Wettbewerbsrecht, Art. 85, RdNr. 4

[113] SAUTER in: IMMENGA und MESTMÄCKER, EG-Wettbewerbsrecht, Art. 85, RdNr. 5

[114] MEESSEN in: LOEWENHEIM et al., KartellR, Art. 81 Abs. 3, a. a. O.; SAUTER in: IMMENGA und MESTMÄCKER, EG-Wettbewerbsrecht, a. a. O.

Daneben wissen Geschäftsreisende auch auf Punkt-zu-Punkt-Verbindungen mit hoher Frequenz, die IATA-Tarife zu schätzen. So wurden z.B. auf der Strecke Amsterdam-London in der Zeit Juli bis Dezember 2003 über 20 % der Flugscheine zu IATA-Raten verkauft.[115] Der höhere Preis für diese Tickets im Vergleich zu einem einfachen Direktflug ohne Umbuchungsmöglichkeit wird für die Flexibilität des Tickets akzeptiert. Die zusätzlichen Kosten werden gleichsam einer Versicherungsprämie oder einem Optionspreis verstanden, falls denn kurzfristig die Reiseroute geändert und auf eine neue Situation reagiert werden muss.[116]

Da die Flugscheine zu Durchgangstarifen abgerechnet werden, ergibt sich bei der Änderung der Route auch kein neuer Ticketpreis. Reiste ein Passagier innerhalb einer Allianz oder bestünde eine Code-Sharing-Vereinbarung zwischen zwei Fluggesellschaften, wäre der Fluggast gezwungen, ein neues Ticket zu erwerben und sich die nicht abgeflogenen Segmente des alten Flugscheins erstatten zu lassen. Dies wäre mit höheren Transaktionskosten für alle Beteiligten verbunden. Im IATA-Interlining haben die teilnehmenden Gesellschaften geringere Transaktionskosten zu tragen, da das Ticketing für alle Strecken auf einem Dokument durchgeführt und die Abrechnung standardisiert ist. Daneben wird gerade kleinen und regionalen Fluggesellschaften der Zutritt auf Märkten erleichtert, auf welchen sie nur über das IATA-Interlining Flugverbindungen anbieten können. Dies führt zu Effizienzsteigerungen bei den Gesellschaften, da Ressourcen nicht in endlosen Diskussionen und Verhandlungen für den Abschluss bilateraler Interlining-Vereinbarungen gebunden werden müssen, sondern in der Tarifkonsultation in einer Sitzung an einem Ort die Tarife vorgeschlagen werden können. Auch im Fall der Umbuchung eines Tickets entstehen keine Schwierigkeiten, da die IATA-Tarife in den CRS hinterlegt sind. Durch die Art der Tarifbildung stellen die IATA-Tarife gleichzeitig die Höchstbeträge dar, die bei Einhaltung des Systems nicht überschritten werden können.

Ein weiterer klarer Vorteil des Systems ist das Durchchecken des Gepäcks bis zum Ziel. Falls die Kunden der Fluggesellschaften jeweils an den Transferflughäfen ihr Gepäck wieder in Empfang nehmen müssten, um dieses dann erneut ein zu checken und vorher gegebenenfalls Zollformali-

[115] CRA, Gutachten II, S. 10
[116] CRA, Gutachten II, a. a. O.

täten zu erledigen, wäre dies mit einem erheblichen Zeitverlust verbunden. Die meisten Fluggesellschaften verlangen in ihren *Allgemeinen Beförderungsbedingungen* (ABB), dass Passagiere sich ein bis zwei Stunden vor Abflug am Check-in-Schalter einfinden. Wären die Passagiere gezwungen, bei ihren Transfers diese Check-in-Zeiten zu beachten, würde sich die gesamte Reisezeit erheblich verlängern. Momentan belaufen sich die Transferzeiten an den zehn größten europäischen Flughäfen auf zwischen 30 und 90 Minuten.[117] Wenn die Kunden dann noch mögliche Verspätungen berücksichtigen müssen, die im Interline-System auch teilweise aufgefangen werden können, erhöht sich der zusätzliche Zeitbedarf in einem Maße, der nicht mehr akzeptabel ist. Zu befürchten steht, dass Kunden entweder auf andere Verkehrsträger (Bahn, Auto) umsteigen werden oder, wo dies nicht möglich ist, mehr und mehr auf Punkt-zu-Punkt-Verbindungen versuchen auszuweichen und sich so das Reiseverhalten ändert.

Die Kommission ist der Auffassung, die beschriebenen Vorteile seien auf Strecken innerhalb der EU anders zu beurteilen, als auf Strecken zwischen Mitgliedsstaaten und Drittländern und wünscht, dass die Fluggesellschaften auf Allianzen ausweichen und bilaterales Interlining vereinbaren.[118] Allerdings sieht sie nicht die Notwendigkeit, die These näher zu untermauern. Mit Blick auf die Darlegungs- und Beweislastverteilung ist dies auch nicht zwingend. Die Darlegungs- und Beweislast trifft die Unternehmen, die Freistellung begehren (Art. 2 Verordnung (EWG) 1/2003) bzw. der Auffassung sind, die Verlängerung einer gegen das Kartellverbot

---

[117] vgl. CRA, Gutachten II, S. 8; die durchschnittliche Dauer für Umsteigeverbindungen variiert für internationale Flüge wie folgt: Frankfurt 45 Min., Kopenhagen 45 Min., Amsterdam 40 bis 50 Min., London Heathrow 45 bis 90 Min., Zürich 40 Min., Madrid 45 bis 60 Min., Athen 45 Min.; vgl. Pressemitteilung des Flughafen München vom 22.06.2004; danach wird am neuen Terminal 2 Umsteigern die Möglichkeit geboten, nur innerhalb von 30 Minuten ihren Anschlussflug zu erreichen. Dies gilt jedoch nur für Intra-Allianz-Beförderung der Star Alliance, d. h. Deutsche Lufthansa, ihre Partnergesellschaften und Allianzpartner. Dieser im internationalen Vergleich absolute Spitzenwert kann hingegen nur erreicht werden, indem den Fluggästen ein spezieller „Ramp Direct Service" angeboten wird. Danach werden Passagiere und Gepäck direkt am Flugzeug abgeholt und zur Anschlussmaschine transportiert.; vgl. Flughafen München, http://www.munich-airport.de/DE/Areas/Company/Medien/textarchiv/textarchiv04/PM33/index.html, 12.01.2007

[118] EU, Memo/06/359 v. 02.10.2006

aus Art. 81 Abs. 1 EGV verstoßenden Vereinbarung bringe eine Verbesserung für den Wettbewerb mit sich.[119]

Wenn man jedoch die Entwicklungen auf dem US-amerikanischen Luftverkehrsmarkt betrachtet, werden die Vorteile des IATA-Systems noch deutlicher. Nachdem die IATA-Tarifkonferenzen 1977 die Befreiung vom Kartellverbot (antitrust immunity) verloren hat, ist innerhalb der Vereinigten Staaten kein multilaterales Interlining mehr möglich. Zwar erlaubt das amerikanische Kartellrecht den Abschluss von bilateralen Interline-Vereinbarungen. Bis zum heutigen Tage ist es aber nicht gelungen, die gleiche Netzabdeckung in diesem System zu erreichen wie vor Ausspruch des Kartellverbots. Die Passagiere sind gezwungen, neue Tickets zu erwerben und nicht abgegebene Flugscheine erstatten zu lassen, wenn sie ihre Reiseroute ändern oder die Fluggesellschaft bei einem Transfer wechseln.[120] Es ist in den letzten dreißig Jahren auch nicht gelungen, ein neues multilaterales Interlining-System zu installieren, das gegebenenfalls ohne die Notwendigkeit von Tarifkonferenzen auskommt.

Danach ist es höchst unwahrscheinlich, dass die am momentanen System beteiligten Fluggesellschaften auf dem europäischen Luftverkehrsmarkt ein neues System einrichten werden, wenn denn die Kommission – wie es aktuell den Anschein hat – dazu tendiert, das IATA-Interlining die zukünftige Freistellung vollständig zu versagen.[121]

Fraglich ist, ob die skizzierten Vorteile durch die durch die Kommission unterstellte preistreibende Wirkung der Tarifabsprachen im Rahmen einer wirtschaftlichen Bilanz an Bedeutung verlieren. Dies wäre dann der Fall, wenn die auf den IATA-Passagiertarifkonferenzen erörterten Preise für den Teilstreckenmarkt als benchmark für die singuläre Beförderung der einzelnen Gesellschaften herangezogen werden. Aber auch dies scheint im Ergebnis nicht stichhaltig.

Auf IATA-Tarifkonferenzen werden unverbindliche Empfehlungen für vollflexible Flugscheine für alle Städteverbindungen einstimmig beschlossen.

---

[119] MEESSEN in: LOEWENHEIM et al., KartellR, Art. 81 Abs. 3, RdNr. 6; BRUNN, EG-Kartellverfahrensverordnung, S. 121

[120] CRA, Gutachten II, S. 9

[121] CRA, Gutachten II, S. 8

Grundlage für die Festlegung eines Tarifs ist immer der kostenintensivste Fall, also nicht der Direktflug oder die Umsteigeverbindung über einen Hub-Flughafen, sondern die Annahme, dass Passagiere häufiger umsteigen, dies auf dezentralen Flughäfen tun und sich so die Flugroute um etwa 20 % verlängert. Aufgrund des Einstimmigkeitserfordernisses hat sich die Preisbildung auch an der ineffizientesten Fluggesellschaft zu orientieren, die den teuersten Anbieter darstellt, wenn sie denn kostendeckend arbeiten bzw. Gewinn erzielen will. Ein Nachteil im Sinne von Art. 81 Abs. 3 EGV wäre daher dann anzunehmen, wenn die Tarifkonferenzen preiserhöhende Wirkung hätten und damit eine Einschränkung der Kapazitäten und so des Angebots für die Verbraucher nach sich zögen. Hierfür bestehen hingegen keine Anhaltspunkte. Die unbestrittene Tatsache, dass es auf IATA-Tarifkonferenzen zu einem Austausch von Informationen über Preise für einzelne Segmente des Teilstreckenmarktes kommt, kann nicht als hinreichend dafür angeführt werden, dass hierdurch das allgemeine Preisniveau erhöht wird. Insbesondere die Preisentwicklung im Luftverkehr spricht diesbezüglich eine andere Sprache. Die Preise sind mit der fortschreitenden Liberalisierung des Luftverkehrs stark rückläufig.[122]

Zudem kann gegen die These der Kommission die Produktdifferenzierung angeführt werden. Das Interlining kann nicht durch eine Fluggesellschaft allein erbracht werden. Orientiert sich der IATA-Tarif auf den Tarifkonferenzen an der ineffizientesten Gesellschaft, so können, falls die Preise im Markt nicht zu erzielen sind, die effizienter arbeitenden Luftverkehrsgesellschaften durch die Gewährung von Rabatten dem entgegensteuern. Schon nach der IATA-GVO Nr. 1617/93 haben die Beschlüsse der IATA-Passagiertarifkonferenzen nur Empfehlungscharakter.[123]

Im Übrigen darf die Frage einer Wettbewerbsbeschränkung verursacht durch den Austausch von Informationen nicht unabhängig vom wirtschaftlichen Gesamtzusammenhang betrachtet werden. Nach Rechtsprechung und Entscheidungspraxis der Kommission sind Informationsaustausch-

---

[122] IATA, http://www.iata.org/pressroom/facts_figures/fact_sheets/IATA_Tariff_Conference.htm, 20.01.2007

[123] BASEDOW in: IMMENGA und MESTMÄCKER, EG-Wettbewerbsrecht, F. Luftverkehr – materielles Recht und Gruppenfreistellungen, RdNr. 3

Vereinbarungen nicht automatisch untersagt.[124] Die Sensibilität der Daten und die Häufigkeit ihres Austauschs dürfen nicht außer Acht gelassen werden. Daneben kommt es darauf an, ob es sich um konzentrierte Märkte handelt, die anfälliger für Wettbewerbsbeschränkungen durch häufigen Informationsaustausch sind und ob die Produktstruktur homogen ist.[125] Anhaltspunkte dafür, dass auf den IATA-Tarifkonferenzen Informationen und Daten ausgetauscht werden, die über das Notwendige zur Durchführung des IATA-Interlining hinausgehen, bestehen nicht. Die Markt- und Produktstruktur der Luftverkehrsindustrie sprechen ebenfalls gegen die Annahme des wettbewerbsbeschränkenden Charakters von IATA-Passagiertarifkonferenzen.

Nachteile im Sinne von Art. 81 Abs. 3 EGV sind daher nicht identifizierbar. Die Durchführung der IATA-Tarifkonsultationen stellt mithin einen betriebswirtschaftlichen Vorteil dar.

V.2 ART. 81 ABS. 3 EGV – BETEILIGUNG DER VERBRAUCHER AM GEWINN

Die Verbraucher sind angemessen an den Gewinnen zu beteiligen. Verbraucher im Sinne der Vorschrift sind alle unmittelbaren und mittelbaren Abnehmer der in Betracht kommenden Erzeugnisse oder Dienstleistungen, unabhängig davon, auf welcher Wirtschaftsstufe die aus der Vereinbarung resultierenden Vorteile zufließen.[126] Unter Gewinn sind alle Vorteile einer Vereinbarung, eines Beschlusses oder einer abgestimmten Verhaltensweise zu verstehen, die den Abnehmern zugute kommen, z. B. Preissenkungen, Qualitätsverbesserungen, technische Verbesserungen, bessere Bedienung der Verbraucherwünsche, Verbesserungen des Kunden-, Garantie- und Reparaturdienstes, regelmäßige Belieferung, brei-

[124] EuG, Urt. v. 05.04.2001, Rs T-16/98 (Wirtschaftsvereinigung Stahl u. a. gegen Kommission der Europäischen Gemeinschaften); Vereinbarung über einen Informationsaustausch – Entscheidung der Kommission, die den Inhalt der Vereinbarung falsch wiedergibt; EuGH, Slg. 2001, II1217

[125] EuG, Urt. v. 11.03.1999, Rs T-136/94 (Eurofer gegen die Kommission der Europäischen Gemeinschaften); Slg. 1999, II263

[126] SAUTER in: IMMENGA und MESTMÄCKER, EG-Wettbewerbsrecht, Art. 85, RdNr. 18

teres Angebot, größere Lager, etc.[127] Die ständige Rechtsprechung und Verwaltungspraxis zählen hierzu zudem die Erleichterung von Reise- und Frachtgutverkehr zwischen den Mitgliedsstaaten.[128] Der nach Art. 81 Abs. 3 EGV geforderte Nutzen geht somit weit über die Befriedigung bestimmter Bedürfnisse bestimmter Kunden oder Kundengruppen hinaus. Es sind Gemeinwohlinteressen zu berücksichtigen.[129]

Die Beteiligung der Verbraucher muss angemessen sein. Sie müssen aus der Absprache erheblichen Nutzen ziehen. Für die Bewertung ist die wirtschaftliche Bilanz, die bereits für die Erfüllung des ersten Tatbestandsmerkmals zu erstellen war, heranzuziehen.[130] Die objektiven Vorteile müssen insoweit für den Verbraucher spürbar sein.

Das MIS ist geschaffen worden, um die dem System immanenten Einsparpotentiale auch an die Fluggäste weiterzugeben. Das MIS an sich stellt durch die hohe Flexibilität der Verbindungen und die Möglichkeit, eine höhere Anzahl von Destinationen zu erreichen, schon per se eine Qualitätsverbesserung des Luftverkehrs dar. Das Produkt wurde an den Bedürfnissen des Verbrauchers ausgerichtet, was mit einem niedrigeren Preis für die Summe der Verbindungen im Vergleich zur Addition der Einzelbeförderungen einhergeht. Durch das IATA-Interlining ergibt sich automatisch die Erweiterung des Angebots und der Auswahlmöglichkeiten für die Kunden. Dies stellt nicht nur für den Fluggast einen erheblichen Nutzen dar. Auch die Reisebüroagenten, die die Flugscheine der Luftverkehrsgesellschaften am Markt absetzen, haben größere Spielräume und Kombinationsmöglichkeiten, um den Wünschen der Fluggäste spezifischer zu entsprechen. Die Flugplätze, insbesondere die großen Umsteigeflughäfen („hub airports"), reagieren ebenfalls auf diese Entwicklung und versuchen, durch ein großes Angebot an Einkaufsmöglichkeiten und die Ansiedlung von Ladengeschäften den Transferpassagieren den Aufenthalt so angenehmen wie möglich zu machen und gleichzeitig Kaufanreize zu schaffen.

---

[127] SAUTER in: IMMENGA und MESTMÄCKER, EG-Wettbewerbsrecht, Art. 85, RdNr. 19

[128] s. Entscheidungen ACI, ABl. 1994, Nr. L 224 S. 28, 32; Night Services, ABl. 1994 Nr. L 259 S. 20, 25; Eurotunnel II, ABl. 1994 Nr. L 354 S. 66, 72; Lufthansa/SAS, Kommissionsentscheidung, ABl. 1996 Nr. L 54 S. 28, 36

[129] SAUTER in: IMMENGA und MESTMÄCKER, EG-Wettbewerbsrecht, Art. 85, RdNr. 19

[130] SAUTER in: IMMENGA und MESTMÄCKER, EG-Wettbewerbsrecht, Art. 85, RdNr. 20

Die Verbraucher sind daher angemessen an den Vorteilen des Interlining beteiligt.

V.3 ART. 81 ABS. 3 EGV – UNERLÄSSLICHKEIT DER WETTBEWERBSBESCHRÄNKUNG

Die vereinbarte, beschlossene oder abgestimmte Wettbewerbsbeschränkung muss für die Verwirklichung der ersten beiden Tatbestandsmerkmale (betriebswirtschaftliche Vorteile, Beteiligung der Verbraucher am Gewinn) unerlässlich sein. Nicht hinreichend ist, wenn die Wettbewerbsbeschränkung zur Verwirklichung der Ziele lediglich beitragen kann.[131] Begrifflich ist die Unerlässlichkeit mehr als eine bloße Eignung oder Ursächlichkeit. Zur Freistellung ist daher ausreichend darzulegen, dass die Beschränkung für die Erreichung der Ziele erforderlich ist und somit dem Grundsatz der Verhältnismäßigkeit entspricht.[132] Falls es Alternativen, die nicht lediglich theoretischer oder hypothetischer Natur sind, gibt, sind diese zu ergreifen.[133] Eine alternative Vorgehensweise muss immer alle Vorteile des bisherigen Systems umfassen.[134] Zumutbar ist die Handlungsalternative jedoch nur dann, wenn das angestrebte Ziel ebenso vollständig, verlässlich und fristgerecht zu erreichen ist wie nach dem freigestellten System.[135]

Soll das freigestellte System nunmehr schrittweise beendet und die IATA-Tarifkonferenzen untersagt werden, könnten die Fluggesellschaften alternativ auf der Grundlage bilateraler Interlining-Vereinbarungen versuchen, die gleiche Abdeckung im Markt zu erreichen. Dass hierdurch eine Verbesserung bzw. zumindest eine Beibehaltung des Status quo erreicht werden könnte, scheint nahezu ausgeschlossen.[136] Durch die Vielzahl der theo-

---

[131] EuGH, Urt. v. 13.7.1966, Slg. 1966, 322, 397 (Grundig/Consten gegen die Kommission)

[132] MEESSEN in: LOEWENHEIM et al., KartellR, Art. 81 Abs. 3, RdNr. 24; SAUTER in: IMMENGA und MESTMÄCKER, EG-Wettbewerbsrecht, Art. 85, RdNr. 18

[133] SAUTER in: IMMENGA und MESTMÄCKER, EG-Wettbewerbsrecht, Art. 85 Abs. 3, RdNr. 25

[134] SAUTER in: IMMENGA und MESTMÄCKER, EG-Wettbewerbsrecht, Art. 85 Abs. 3, a. a. O.

[135] SAUTER in: IMMENGA und MESTMÄCKER, EG-Wettbewerbsrecht, Art. 85 Abs. 3, RdNr. 26

[136] Gemeinsame Stellungnahme BMWA, BVBW, Bundeskartellamt zum Konsultations-

retisch abzuschließenden Vereinbarungen würden zum einen die Transaktionskosten in die Höhe getrieben und die Vorteile des bisherigen Systems zunichte gemacht. Zum anderen gibt es keinen Grund zu der Annahme, dass die Fluggesellschaften in bilateralen Vereinbarungen andere Verrechnungspreise ihrer Kalkulation zugrunde legen sollten, als dies in der Vergangenheit auf den Tarifkonferenzen geschehen ist.

V.3.1 POSTED-PRICES-SYSTEM

Mehr Relevanz kommt dem durch die Kommission vorgeschlagenen posted-prices-System zu.[137] Danach sollen die am Interlining beteiligten Fluggesellschaften für die Strecken, für welche sie Interlining-Verbindungen anbieten, potentielle Flugpreise (Schattenpreise) an eine zentrale Stelle, z. B. dem ICH übermitteln. Der Gesamtflugpreis soll sich dann aus der Addition der Einzelflugpreise ergeben. Diesen Ansatz will das Bundeskartellamt als markt- und knappheitsorientierte Lösung verstanden wissen. Das Bundeskartellamt ist der Auffassung, die Fluggesellschaften wären so gezwungen, ihre individuellen Kapazitäten ihren Berechnungen und Meldungen der konkreten Schattenpreise zu Grunde zu legen.[138]

Die Kommission und auch das Bundeskartellamt sehen bei Einführung eines posted-prices-Systems Preisspielräume nach unten, da sie es für unwahrscheinlich halten, dass sich die Gesellschaften am höchsten übermittelten Preis orientieren. Vielmehr würden die Gesellschaften an Hand des tatsächlichen Interlining-Verhaltens ihrer Kunden kalkulieren und eine

papier der Europäischen Kommission (KOM) zur Revision der Verordnung (EWG) Nr. 1617/93 (IATA-GVO) vom 09.09.2004, S. 10, s. auch EU, http://ec.europa.eu/comm/competition/antitrust/others/1617/german_t_e_ministeries_de.pdf, 28.01.2007

137 Hierbei handelt es sich nicht um einen völlig neuen Vorschlag. Das posted-prices-System wurde erstmals Ende der 70er Jahre des vergangenen Jahrhunderts im Rahmen der Untersuchung der IATA-Tarifkonferenzen in den Vereinigten Staaten in die Diskussion eingeführt und findet von Zeit zu Zeit immer wieder Erwähnung; s. auch IATA Discussion Paper on „Posted Prices“, Seite 2, IATA, http://www.iata.org/nr/rdonlyres/8ceee08d-5020-44b8-b888-03f9e8f147ca/42527/postedpricespaper99.pdf, 25.02.2007

138 Gemeinsame Stellungnahme BMWA, BVBW, Bundeskartellamt zum Konsultationspapier der Europäischen Kommission (KOM) zur Revision der Verordnung (EWG) 1617/93 (IATA-GVO) vom 09.09.2004, a. a. O., s. auch EU, http://ec.europa.eu/comm/competition/antitrust/others/1617/german_t_e_ministeries_de.pdf, 28.01.2007

durchschnittliche Gewichtung der übermittelten Preise vornehmen. Daneben könnte überlegt werden, ein dem posted-prices-System immanentes Preisrisiko verursachergerecht den Passagieren aufzuerlegen, die in der Kalkulation nicht berücksichtigte Stoppovers in Anspruch nehmen. D. h. die Passagiere hätten dann etwaige Preisdifferenzen bei der Umbuchung und Umschreibung des Tickets nach zu entrichten. Der Kunde könnte danach vor Ort entscheiden, wie viel ihm eine gewisse Zeitersparnis wert ist. Daneben würde sich unter den Konsumenten herumsprechen, welche Fluglinie vergleichsweise günstige Interline-Tarife anbietet, was wiederum neben dem Qualitätswettbewerb den Preiswettbewerb unterstützen würde.[139]

Insgesamt kann auch dieses alternative System nicht überzeugen und insbesondere sind die angeführten Gründe nicht geeignet, um die Unerlässlichkeitsvoraussetzung des Art. 81 Abs. 3 EGV zu verneinen.

Zunächst ist es äußerst unwahrscheinlich, dass sich die Luftverkehrsindustrie auf ein posted-prices-System einigen würde. Vor etwa 30 Jahren war in den Vereinigten Staaten die vergleichbare Situation eingetreten und die Freistellung der IATA-Tarifkonferenzen wurde nicht verlängert. Schon zum damaligen Zeitpunkt wurde die Einführung eines posted-prices-Systems diskutiert. Schlussendlich bestand in der Industrie keine Bereitschaft, ein solches System einzuführen. Diese Tatsache kann zumindest als Indiz dafür angeführt werden, dass die nunmehr betroffenen Marktteilnehmer ein System, dass sie seit vielen Jahren für den amerikanischen Luftverkehrsmarkt ablehnen, nicht in Europa einführen werden. Zum anderen ist das IATA-Interlining in einer Zeit und einem wirtschaftlichen Umfeld entstanden, in der die beteiligten Fluggesellschaften noch ein sehr viel höheres Interesse daran hatten, einen Industriestandard hinsichtlich des nahtlosen Umsteigeverkehrs zu etablieren. Mit der Erhöhung des Konkurrenzdrucks sind nunmehr die Fluggesellschaften mehr denn je daran interessiert, ihre Kunden so lange wie möglich auf ihren eigenen Maschinen zu befördern und höchstens innerhalb ihrer Allianz Fluggäste von einer anderen Gesellschaft befördern zu lassen.

[139] Gemeinsame Stellungnahme BMWA, BVBW, Bundeskartellamt, S. 11

Im Übrigen räumt die Kommission selbst ein, dass die Alternative gegenüber dem bisher freigestellten System nicht in vollem Umfang alle Vorteile besitzt, was allerdings eine zwingende Voraussetzung für die Verneinung der Frage der Unerlässlichkeit ist.[140] Es wäre mit erhöhten Transaktionskosten zu rechnen. Die für den Verbraucher transparente Preisobergrenze im bisherigen System würde wegfallen. Vielmehr hätten die Fluggäste mit Zuzahlungen zu rechnen, wenn sie kurz entschlossen die Flugroute ändern möchten. Darüber hinaus müsste dieses System erst entwickelt und eingeführt werden, was zumindest in der Anfangszeit aufgrund der Umstellung zu Reibungsverlusten führen würde.

Aller Voraussicht nach wäre dieses System auch aus einem weiteren Grund deutlich teurer als die bisherige Abstimmungsweise. Da die einzelnen Fluggesellschaften für die Meldung ihrer Interline-Tarife für jede einzelne Städteverbindung zunächst eine separate Analyse durchzuführen hätte, würde dies zwangsläufig die Transaktionskosten erhöhen, was schlussendlich zu erhöhten Ticketpreisen führen würde.

Ein posted-prices-System würde zudem ein hohes Maß an Flexibilitätsverlust für den einzelnen Reisenden bedeuten. Im Falle der Abschaffung des MIS der IATA und Einführung eines posted-prices-System wäre nicht mehr gewährleistet, dass ein Konkurrenzunternehmen den Kunden eines Mitbewerbers nahtlos befördert, wenn denn der Tarif des ursprünglich ausgestellten Tickets nicht dem gemeldeten Preis (posted price) entspricht. Solche zwangsläufigen Preisunterschiede müssen die Fluggäste im jetzigen System nicht interessieren. Mit Einführung eines posted-prices-System müsste sich der Kunde der Fluggesellschaft im Falle einer spontanen Änderung der Reiseroute zunächst über die gemeldeten Preise informieren, damit dann der Beförderungspreis neu kalkuliert werden kann. Geschieht die Umbuchung kurz vor dem Weiterflug in letzter Minute, wird dies oftmals dazu führen, dass Anschlussflüge durch den Fluggast nicht mehr zu erreichen seien werden. Es entsteht dann eine Verzögerung durch Umbuchung des Flugscheins, Entrichtung des zusätzlichen Flugpreises, etc. Praktisch würde dies das Ende des Durchgangstarifs in der bewährten Form bedeuten. Weitere eingespielte Abläufe zwischen den Fluggesell-

[140] Consultation paper, para. 67 und Annex 2, Punkt ix.

schaften wären ebenfalls negativ beeinflusst. Die Standards hinsichtlich der Gepäckabfertigung und der Durchleitung von Gepäck bis zum Endpunkt der Beförderung wären insoweit zukünftig gefährdet.

V.3.2 MILEAGE-SYSTEM

Nach einem mengenbasierten Ansatz des Bundeskartellamts sollen Interlining-Meilen jeweils am Ende eines festzusetzenden Zeitraums für die an einer gemeinsamen Beförderung beteiligten Fluggesellschaften saldiert werden. Diese so zu ermittelnden Meilensalden sollen dann mit dem jeweils an die IATA-Clearingstelle zu meldenden Meilenpreis multipliziert werden, bevor ein Ausgleich zwischen den Gesellschaften stattfindet. So soll die Unsicherheit hinsichtlich der unterschiedlich hohen Interliningkosten in Abhängigkeit von der tatsächlich abgeflogenen Strecke ausgeschlossen werden, und das Abhalten von IATA-Tarifkonferenzen würde sich erübrigen.[141]

Diesem System begegnen grundsätzlich die gleichen Bedenken wie dem posted-prices-System. Der Durchgangstarif wäre abgeschafft. Bei Umbuchung einer Umsteigeverbindung, die eine Verlängerung der Gesamtstrecke nach sich sieht, kommt es aller Voraussicht nach zu einer Erhöhung des Gesamtflugpreises für den Passagier, da sich die abgeflogenen Meilen hierdurch erhöhen. Im alten System gab es eine Toleranz von bis zu 20 % der Verlängerung der Gesamtstrecke.

Insgesamt ist es für den Konsumenten ungewiss, welche Konsequenzen die kurzfristige Änderung seiner Reiseroute nach sich zieht, da er jeweils den neuen Ticketpreis erfragen muss.

Die denkbaren Handlungsalternativen können daher nicht überzeugen, denn sie sind nicht in der Lage, das bisherige System in einer Art und Weise zu ersetzen, dass unter Verzicht auf die IATA-Tarifkonferenzen das Ziel – reibungslose Durchführung des IATA-Interlining – vollständig erreicht werden kann.

[141] Gemeinsame Stellungnahme BMWA, BVBW, Bundeskartellamt zum Konsultationspapier der Europäischen Kommission (KOM) zur Revision der Verordnung (EWG) Nr. 1617/93 (IATA-GVO), S. 12, s. auch EU, http://ec.europa.eu/comm/competition/antitrust/others/1617/german_t_e_ministeries_de.pdf, 28.01.2007

Die Beibehaltung der IATA-Tarifkonferenzen ist damit auch verhältnismäßig.

V.4 ART. 81 ABS. 3 EGV – KEINE AUSSCHALTUNG DES WETTBEWERBS

Den an der Wettbewerbsbeschränkung beteiligten Unternehmen kann nicht gestattet werden, für einen wesentlichen Teil der betreffenden Waren oder Dienstleistungen den Wettbewerb auszuschalten. Eine Freistellung ist dann zu versagen, wenn der Fortbestand wirksamen Wettbewerbs gefährdet ist.[142] Hierbei sind alle wettbewerbsrelevanten Umstände des Einzelfalles in einer Gesamtwürdigung zu berücksichtigen. Dabei hat die Kommission in ihre Erwägungen einzubeziehen, inwieweit die an der Vereinbarung beteiligten Unternehmen außerhalb der vertraglichen Koordinierung noch in Wettbewerb stehen (Innenwettbewerb).[143]

Die Annahme der Ausschaltung des Wettbewerbs zwischen den Gesellschaften der Luftverkehrsindustrie durch das Abhalten von IATA-Tarifkonferenzen wäre absurd. Dies wird deutlich, wenn man hoch frequentierte Strecken betrachtet. Niemand kann ernsthaft behaupten, dass z. B. auf der Verbindung Frankfurt – London zwischen der Deutschen Lufthansa AG und British Airways Plc kein wirksamer Wettbewerb bestünde oder die Gesellschaft Air France/KLM mit SAS auf der Strecke Amsterdam – Kopenhagen nicht um Fluggäste konkurrieren würde.

Damit ist auch die vierte Voraussetzung des Art. 81 Abs. 3 EGV erfüllt. Die versagte Freistellung verstößt mithin gegen materielles Gemeinschaftsrecht.

---

[142] SAUTER in: IMMENGA und MESTMÄCKER, EG-Wettbewerbsrecht, Art. 85 Abs. 3, Rd-Nr. 28

[143] SAUTER in: IMMENGA und MESTMÄCKER, EG-Wettbewerbsrecht, a. a. O.

VI ABSCHLIEßENDE STELLUNGNAHME, KRITIK UND AUSBLICK

Die Liberalisierung und Deregulierung des internationalen Luftverkehrs in den letzten dreißig Jahren war außerordentlich wirksam und erfolgreich. Sie haben mittlerweile alle bedeutsamen Bereiche des Luftverkehrsmarktes erfasst.[144] Es gibt keine wettbewerbsrechtlichen Ausnahmebereiche mehr.[145] Die Sonderbehandlung ehemals staatlich dominierter Sektoren hat ihr Ende gefunden.[146] Dieser Weg der Erkenntnis war steinig. Lange Zeit war umstritten, ob das europäische Wettbewerbsrecht denn auf den Verkehr überhaupt Anwendung findet. Dies war konzeptionell schon aufgrund der Artikel 70 bis 80 EGV schwierig, was zunächst einmal die Untätigkeit der Kommission nach sich zog.[147] Mit der stringenten Umsetzung der drei Liberalisierungspakete (1987, 1990, 1993) wurde der Binnenmarkt im Luftverkehr realisiert.

Der Preiswettbewerb ist im Luftverkehr auf den innergemeinschaftlichen Strecken in vollem Umfang gewährleistet. Bereits kurz nach dem Inkrafttreten des ersten Liberalisierungspaketes hat die IATA 1988 für das Tarifgebiet in Europa auf verbindliche Tarifabsprachen verzichtet. Die Tarifkonsultationen aufgrund von zweiseitigen Abkommen spielen nur noch in den Verkehrsgebieten eine Rolle, in denen der Luftverkehrsmarkt nicht liberalisiert ist. Hinsichtlich des IATA-Interlining nimmt die Bedeutung der IATA-Konferenzen tendenziell ab. Um aber das multilaterale Interlining und die unumstrittenen Vorteile für die Beteiligten zu erhalten, könnte sich unter Umständen mit der Kommission auf Einführung der sog. IATA-e-tariffs geeinigt werden. Nach diesem System kommt es nur noch zu virtuellen Tref-

---

[144] VON EINEM, Liberalisierung Bodenabfertigungsdienste, S. 25; ANN, BB 1993, 1 ff.

[145] BAUMANN redet vom Luftverkehr als „Stiefkind" der Verkehrspolitik, Basedow spricht vom „Schattendasein" der Verkehrspolitik. Dies ist heute nicht mehr der Fall; s. BAUMANN, Luftverkehrspolitik, S. 17; BASEDOW, Wettbewerb, S. 153

[146] krit. zu den Liberalisierungseffekten insgesamt und der Frage der kompetitiven Strukturen auf Luftverkehrsteilmärkten s. ARNDT, Liberalisierung, S. 161

[147] EuGH, Urt. v. 22.05.2005, Rs 13/83, Slg. 1985, 1513 (Untätigkeitsklage des Parlaments gegen den Rat); KAUFMANN (2001), Luftverkehrsabkommen, S. 24

fen und auf die Notwendigkeit des Abhaltens von IATA-Tarifkonferenzen kann damit zumindest für liberalisierte Märkte verzichtet werden. Bei den e-tariffs handelt es sich um ein internetbasiertes Werkzeug, mit welchem Vorschläge zu den Änderungen der einzelnen Tarife gemacht werden können. Gleichzeitig kann die Abstimmung über die Preise online am eigenen PC erfolgen („online Interline Tariff Coordination").[148]

Die Industrie entspricht damit der wiederholt geäußerten Erwartung der Kommission, dass sich die Teilnehmer am Interlining nicht mehr physisch treffen sollen. Diese Forderung bleibt nach wie vor unverständlich, da die Marktteilnehmer vielfältige andere Gelegenheiten haben, sich zu treffen und hiervon rege Gebrauch gemacht wird.[149]

Zusätzlich arbeitet die IATA an der Einführung des Systems sog. FlexFares.[150] Bereits seit dem 01.01.2007 werden diese für Flüge ab dem 01.03.2007 angeboten. Die FlexFares werden aufgrund der durchschnittlichen veröffentlichten Tarife einer Fluggesellschaft für einen bestimmten Markt kalkuliert. Für die erhöhte Flexibilität eines Interline-Tarifs wird ein Zuschlag – gleichsam einer Optionsprämie – aufgeschlagen. Ob den Konsumenten damit alle Vorteile des bisherigen Systems erhalten bleiben, ist abzuwarten. Zu befürchten ist, dass der Durchgangstarif verloren geht.

Ebenfalls bleibt abzuwarten, ob die neue Art der Koordinierung der Interline-Tarife zukünftig die Akzeptanz der Kommission erfährt. Aktuell wird dieses Verfahren mit Ablauf der IATA-GVO zum 30.06.2005 und ausdrücklicher Verweigerung der erneuten Freistellung durch die Verordnung (EG) Nr. 1459/2006 für den innergemeinschaftlichen Verkehr unter der Duldung durch die Kommission testweise erprobt. Es bestehen jedoch schon jetzt Pläne, das Procedere auf den Verkehr mit Drittstaaten auszuweiten, wenn es sich für die Marktteilnehmer bewährt hat und die Zustimmung der Wett-

[148] vgl. IATA, http://e-tariffs.iata.org/eTariff-web/jsp/common/, 28.01.200

[149] Allein der auf der Homepage der IATA veröffentlichte „Event Calendar" umfasst für die Zeit Februar bis Mai 2007 insgesamt sieben Veranstaltungen, s. IATA, http://www.iata.org/events/calendar, 31.01.2007; die ICAO steht dem nicht nach, in der Zeit Januar bis September 2007 werden neun verschiedene Konferenzen angesetzt; ICAO, http://www.icao.int/icao/en/conf/index.html, 31.01.2007

[150] IATA, http://www.iata.org/pressroom/facts_figures/fact_sheets/flexfares.htm, 31.01.2007

bewerbshüter findet. Es scheint, als ob die Kommission bzw. die GD Wettbewerb diese Entwicklungen beobachtet und die getroffenen Anpassungen toleriert. Eine offizielle wie auch immer geartete Zustimmung zur der seit dem 01.01.2007 durchgeführten Interlining-Koordination gibt es hingegen nicht.

Der momentane Zustand kann nur als unbefriedigend bezeichnet werden. Zumindest für eine Übergangszeit sind zwei unterschiedliche Systeme für die verschiedenen Teilstreckenmärkte nebeneinander durchzuführen. So halten die Gesellschaften für den Luftverkehr mit Drittstaaten weiterhin die freigestellten Tarifkonferenzen ab. Für den Intra-EU-Verkehr muss sich mit der „Krücke" der e-tariff-Konsultation beholfen werden. Die Gründe der Kommission hierfür sind unzulänglich. Eine Vereinbarkeit des Vorgehens mit materiellem Gemeinschaftsrecht ist nicht ersichtlich. Ebenso wenig kann aber zurzeit erkannt oder vorhergesehen werden, dass die Industrie Aktivitäten dahingehend entwickelt, die neue Gruppenfreistellungsverordnung einer gerichtlichen Überprüfung zu unterziehen. Aus Sicht der Fluggesellschaften und wie mit guten Gründen vertreten werden kann, bedarf es bei stringenter Anwendung von Art. 81 Abs. 3 EGV einer Freistellung ohnehin nicht. Denn eine Verhaltensweise stellt dann keine Wettbewerbsbeschränkung dar, wenn die Voraussetzungen der Vorschrift vorliegen. Mit der Verordnung (EWG) Nr. 1/2003 ist darüber hinaus ein förmliches Anmeldeverfahren entfallen.[151] Es kann insoweit nachvollzogen werden, dass nicht noch mehr Ressourcen gebunden werden sollen, um ein Gerichtsverfahren vorzubereiten.

Beim Studium der umfangreichen Konsultationsunterlagen, Eingaben der verschiedenen Marktteilnehmer, rechtlichen und betriebswirtschaftlichen Gutachten und Stellungnahmen drängt sich eines auf: Die Kommission hat eine politische Entscheidung getroffen, nämlich Zusammenkünfte von Wettbewerbern zur Abstimmung des Vertriebs eines gemeinsamen Produkts zu untersagen. Es wird der Kommission nicht verborgen geblieben sein, dass die Fluggesellschaften selbst bei allianzgebundenen Luftverkehrsunternehmen dem Wettbewerb intensiv ausgesetzt sind.

[151] ROITMAN, Reform des EG-Wettbewerbsrechts, S. 167; BRUNN, EG-Kartellverfahrensverordnung, S. 217

Ob die Kommission mit dieser Vorgehensweise, tatsächlich dem Wettbewerb dient, kann bezweifelt werden. Eine verstärkte Allianzbildung wird mutmaßlich die Folge der Verordnung (EG) Nr. 1459/2006 sein. Damit wird aber kleinen Gesellschaften, die für eine Mitgliedschaft in den etablierten Luftverkehrsallianzen nicht in Frage kommen, der Marktzugang erschwert und dezentral gelegene Flughäfen können zukünftig schlechter an die großen Umsteigeflughäfen angebunden werden, als dies zurzeit der Fall ist. In letzter Konsequenz könnte hierdurch die Konsolidierung der Luftverkehrsbranche und schließlich eine Oligopolbildung beschleunigt werden. Dies hätte den diametral entgegengesetzten Effekt, den die Kommission offiziell verfolgt.

Die exakten Auswirkungen dieser Vorgehensweise werden erst einige Zeit nach Abschluss und Umsetzung der momentan geplanten Änderungen des dritten Liberalisierungspaketes für den Luftverkehr festzustellen sein. Die Luftverkehrsindustrie behält damit auch in gesetzgeberischer Hinsicht ihre Dynamik.

ABSTRACT

The Chicago Convention of 1944 – the magna carta of the airline industry – is still the point of origin when it comes to bilateral agreements, its tariff clauses and coordination. That basis of understanding remains unchanged regardless of the developments toward more and more liberal agreements.

Even though price regulation in the US and Europe has been over for many years now, the European Commission continues their endeavours to avoid meetings of market participants to discuss fares in general – this includes tariff coordination for interlinable IATA fares as well.

To this end, the Commission initiated a public consultation regarding the revision and then possible prorogation of Commission Regulation (EEC) no. 1617/93 on the application of Article 81 (3) EC Treaty to certain categories of agreements and concerted practices concerning consultations on passenger tariffs on scheduled air services and slot allocations at airports. It proposed to withdraw the IATA passenger tariff conferences block exemption for routes within the EU.

As of 01 January 2007 tariff conferences for routes within the EU are not longer exempted. Tariff conferences on routes between the EU and the US and Australia are exempted until 30 June 2007 and as well as with other third countries until 31 October 2007.

By adopting Commission Regulation (EC) no. 1459/2006 the Commission made clear that the benefits consumers enjoy with seamless travel and the application of through fares for services within the EU are not regarded as a priority and that services with third countries are still under observation. This is not consistent with community law.

RÉSUMÉ

La Convention de Chicago de 1944 – la magna carta de l´industrie aérienne – représente encore aujourd'hui la pierre d'assise des accords bilatéraux et des ententes relatives aux tarifs et à leur coordination. Cette prémisse fondamentale demeure encore et toujours actuelle, et ce, malgré la libéralisation graduelle des ententes en la matière.

Bien que la régulation des prix ait été abandonnée depuis de nombreuses années aux États-Unis et en Europe, la Commission européenne continue de déployer des efforts dans le but d'éviter que des concurrents ne se rencontrent pour discuter de tarifs, ce qui vise aussi en particulier la coordination de tarifs interlignes.

À cette fin, la Commission a débuté une consultation publique au sujet de la révision et de la possible prorogation du Règlement (CEE) n° 1617/93, lequel vise l´application de l´article 81 paragraphe 3 du Traité CE à certaines catégories d´accords et de pratiques concertées ayant pour objet les consultations tarifaires pour le transport aérien de passagers et la répartition de créneaux horaires dans les aéroports. La Commission a proposé de retirer l'exemption des conférences tarifaires IATA pour les passagers en ce qui concerne les trajets à l'intérieur de l'UE.

En conséquence, depuis le 1er janvier 2007, les conférences tarifaires ne bénéficient plus d'exemption pour les trajets à l'intérieur de l'UE. Les conférences tarifaires pour les trajets entre l'UE et les USAs ou l'Australie demeurent quant à elles exemptes jusqu´au 30 juin 2007, et celles qui concernent d´autres pays, jusqu´au 31 octobre 2007.

En adoptant le Règlement (CE) n° 1459/06 la Commission a signalé clairement que les bénéfices dont jouissent les consommateurs, avec des tarifs uniques et des voyages en continu à travers l'UE, ne comptent pas parmi ses priorités, tandis qu'en ce qui concerne les pays tiers, la situation demeure sous observation. Cette approche n'est pas conforme au droit communautaire.

A DIE FREIHEITEN DER LUFT

1. Freiheit: Recht zum Überflug

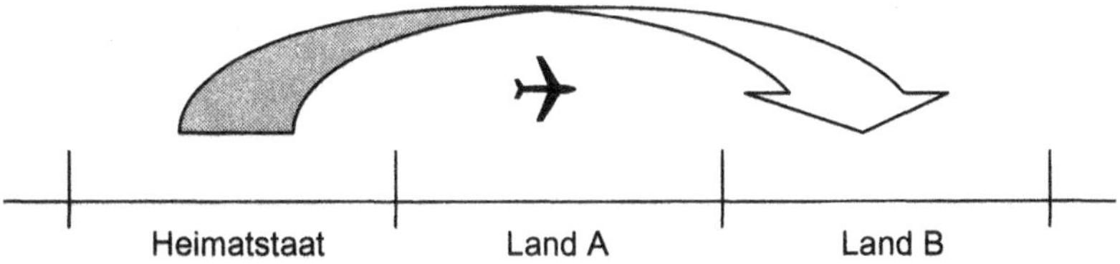

2. Freiheit: Recht zur technischen Zwischenlandung

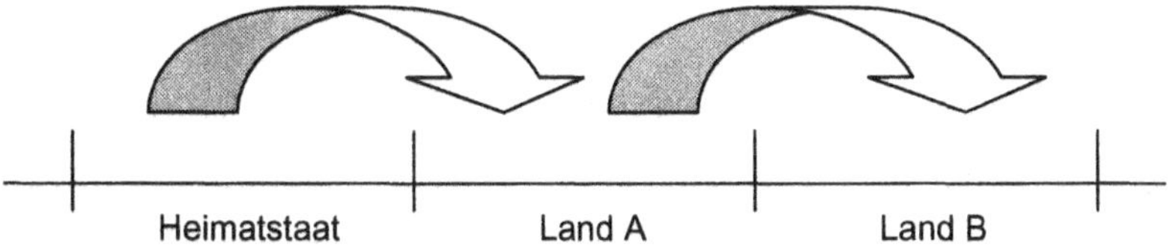

3. Freiheit: Gewerblicher Transport („Nachbarschaftsverkehr")

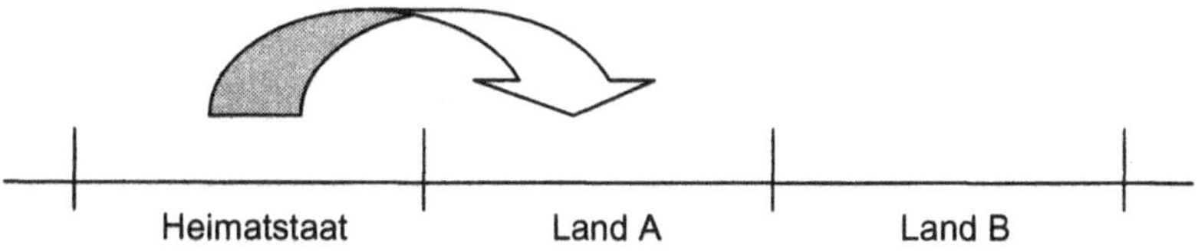

4. Freiheit: Gewerblicher Transport

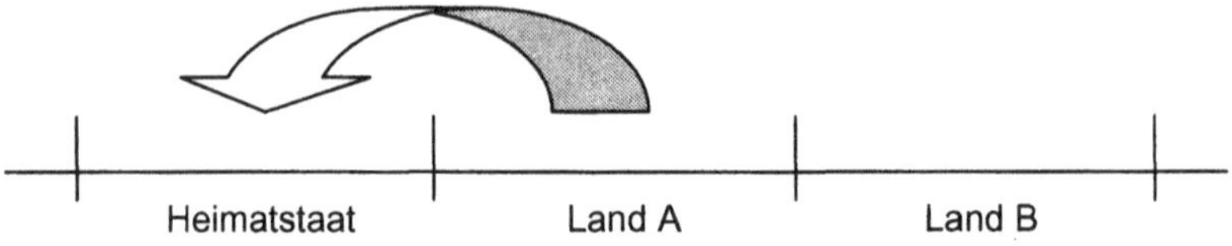

5. Freiheit:

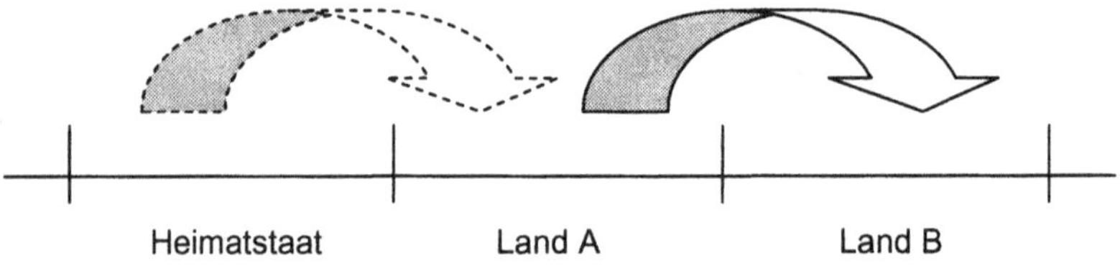

6. Freiheit:

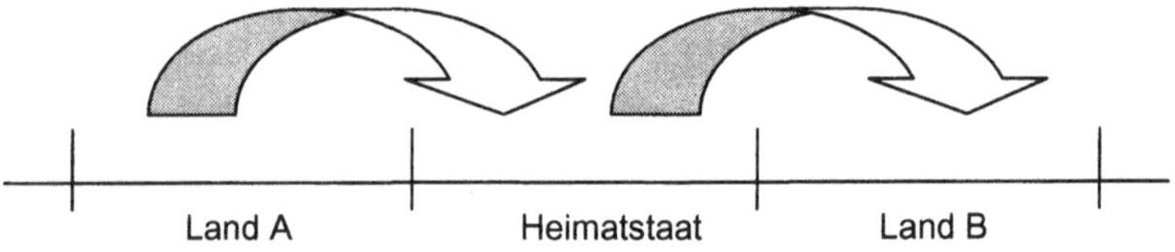

7. Freiheit:

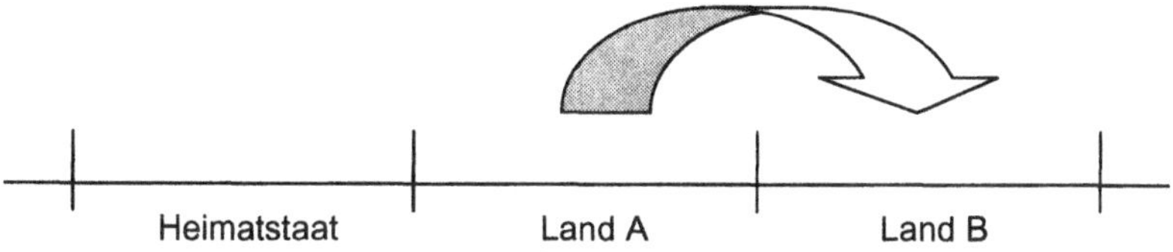

8. Freiheit:

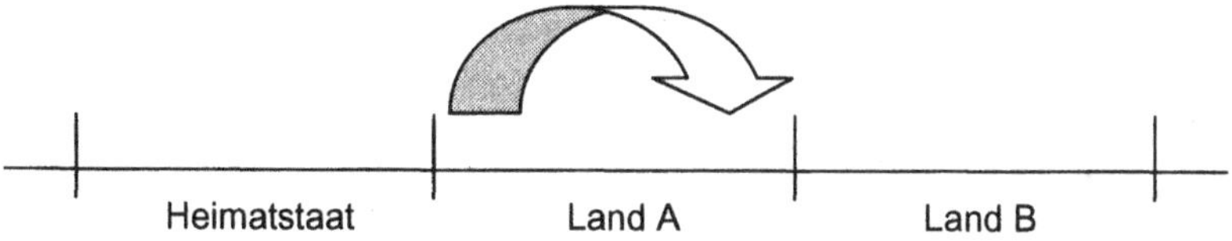

9. Freiheit:

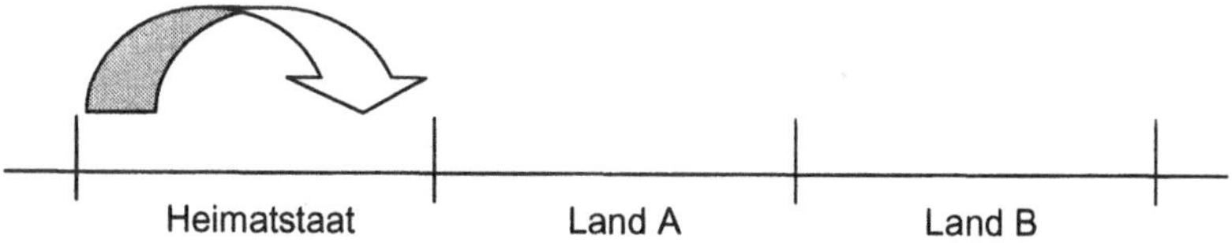

Quelle: eigene Darstellung Verfasser

B DEFINITION DER FREIHEITEN DER LUFT

1. Freiheit: Das Recht, das Staatsgebiet eines Vertragsstaats ohne Landung zu überfliegen.

2. Freiheit: Das Recht, im Hoheitsgebiet eines Vertragsstaats eine Landung zu nichtgewerblichen Zwecken (z. B. Treibstoffaufnahme, Notreparatur) durchzuführen.[152]

3. Freiheit: Das Recht, Fluggäste, Gepäck, Fracht und/oder Post vom Heimatstaat des Luftfahrtunternehmens in einen dritten Staat zu befördern.

4. Freiheit: Das Recht, Fluggäste, Gepäck, Fracht und/oder Post in einem dritten Staat aufzunehmen und in den Heimatstaat des Luftfahrtunternehmens zu befördern.

5. Freiheit: Das Recht, Fluggäste, Gepäck, Fracht und/oder Post in einem dritten Staat aufzunehmen und nach einer Zwischenlandung im Heimatstaat in einen anderen dritten Staat zu befördern, wobei der Flug im Heimatstaat des Luftfahrtunternehmens zu beginnen und zu enden hat.[153]

6. Freiheit: Das Recht, Fluggäste, Gepäck, Fracht und/oder Post in einem dritten Staat aufzunehmen und nach einer Zwischenlandung im Heimatstaat in einen anderen dritten Staat zu befördern und diesen Flug als ein Produkt und unter einer Flugnummer zu vermarkten (Kombination der 3. und 4. Freiheit zur Umgehung der Verweigerung der 5. Freiheit).

---

[152] 1. und 2. Freiheit werden auch als technische Freiheiten bezeichnet. Diese beiden Freiheiten wurden multilateral im ICAO-Abkommen zwischen den Vertragsstaaten vereinbart. Vgl. SCHWENK und GIEMULLA, Hdb. LuftverkehrsR, S. 629

[153] Die 3. bis 5. Freiheit werden auch als gewerbliche Freiheiten bezeichnet und müssen in den bilateralen Luftverkehrsabkommen zwischen den Vertragspartner ausgehandelt werden, da sie nie durch völkerrechtliche Vereinbarung in Kraft getreten sind.

7. Freiheit: Das Recht, Fluggäste, Gepäck, Fracht und/oder Post permanent zwischen zwei dritten Staaten zu befördern, ohne den Heimatstaat des Luftfahrtunternehmens zu berühren.

8. Freiheit: Das Recht, Fluggäste, Gepäck, Fracht und/oder Post zwischen zwei Flughäfen eines dritten Staates zu befördern, sofern dies mit einem Flug vom oder in den Heimatstaat des Luftfahrtunter-nehmens kombiniert ist (Anschlusskabotage).

9. Freiheit: Das Recht, Fluggäste, Gepäck, Fracht und/oder Post zwischen zwei Flughäfen eines dritten Staates zu befördern (echte Kabotage).

Quelle: eigene Darstellung Verfasser

C TARIFKLAUSELN IN LUFTVERKEHRSABKOMMEN

1. Stufe	**Double Approval**	
	Ein von einem Luftfahrtunternehmen beantragter Tarif ist nur wirksam, wenn ihm die zuständigen Behörden der beiden Vertragsstaaten zugestimmt haben (in der Praxis führt das zu weitgehend identischen Tarifen der die Dienste durchführenden Luftfahrtunternehmen der Vertragsstaaten.	Der Tarif bedarf der Genehmigung beider Vertragsstaaten. weitestgehend veraltet
2. Stufe	**Country of Origin**	
	Das Verkehrsursprungsland hat die Entscheidung darüber, welcher Tarif für den von seinem Staatsgebiet ausgehenden Verkehr angewandt werden soll (z. B. ein Luftfahrtunternehmen aus Nigeria fliegt nach D hin und zurück zu einem Tarif, wie ihn der Staat Nigeria für sachgerecht hält. Ein deutsches Unternehmen fliegt dagegen nach Nigeria hin und zurück zu einem ausschließlich von D genehmigten [und oftmals höheren] Tarif).	Der Tarif bedarf der Genehmigung jeweils der Vertragspartei des Heimatlandes des Luftfahrtunternehmens als Verkehrsursprungsland. Standardtarifregelung

3. Stufe	**Double Disapproval** Ein vorgelegter Tarif darf nur dann nicht vom Luftfahrtunternehmen angewandt werden, wenn er von den zuständigen Behörden beider Vertragsparteien abgelehnt worden ist.	Der Tarif gilt als genehmigt, wenn ihm nicht ausdrücklich von beiden Vertragsparteien widersprochen wird. vgl.. Luftverkehrsabkommen Deutschland – Kanada
4. Stufe	**Free-Pricing** Vertragsstaaten des Luftverkehrsabkommens überlassen die Tarifgestaltung den Luftfahrtunternehmen.	Jeder Tarif ist vorab genehmigt, eine Intervention ist nur unter bestimmten Voraussetzungen möglich, z. B. bei Preisen, die unangemessen niedrig oder diskriminierend sind. liberale Tarifregelung, vgl.. Luftverkehrsabkommen Deutschland mit Neuseeland / Australien / Pakistan und USA

Quelle: Dieter von Elm, http://www.luftrecht-online.de, 31.01.2007, Anpassung durch Verfasser

D ANTEIL STAATLICHER BETEILIGUNG AN EUROPÄISCHEN FLUGLINIEN IM JAHRE 1979

Aer Lingus	100 %
British Airways	100 %
Sabena	100 %
Air France	99 %
Alitalia	99 %
Lufthansa	82 %
KLM	78 %
Air Inter	50 %
Luxair	26 %

Quelle: DEMPSEY, European Aviation Law; Anpassung durch Verfasser

E ANTEIL STAATLICHER BETEILIGUNG AN EUROPÄISCHEN FLUGLINIEN IM JAHRE 1992

Air France	100 %
Iberia	100 %
Olympic	100 %
TAP – Air Portugal	100 %
JAT – Jugoslawien	100 %
Aer Lingus	100 %
Alitalia	83 %
Austrian Airlines	76 %
Finnair	70 %
Sabena	53 %
SAS	50 %
Lufthansa	48 %
KLM	39 %
Swissair	23 %
British Airways	0 %
Icelandair	0 %

Quelle: DEMPSEY, European Aviation Law; Anpassung durch Verfasser

F DARSTELLUNG DER REISEVERLÄUFE

Ticket itinerary		Former EU 15	10 "new" EU Members	EU 25	Third Countries	Total
First	% Direct	96 %	97 %	96 %	70 %	92 %
	% Indirect	4 %	4 %	4 %	30 %	9 %
Business	% Direct	90 %	69 %	89 %	62 %	85 %
	% Indirect	10 %	31 %	11 %	38 %	15 %
Full Eco	% Direct	90 %	70 %	89 %	66 %	85 %
	% Indirect	10 %	30 %	11 %	34 %	15 %
Discounted Eco	% Direct	85 %	74 %	84 %	52 %	74 %
	% Indirect	15 %	26 %	16 %	48 %	26 %
Total	% Direct	88 %	73 %	87 %	56 %	80 %
	% Indirect	12 %	27 %	13 %	44 %	20 %

Quelle: IATA BSP-Daten für Flugscheine ausgestellt in Belgien, Luxemburg, Frankreich, Deutschland, Niederlande und Großbritannien

Hervorhebung durch Verfasser

G DER PROZESS DER LIBERALISIERUNG IM LUFTVERKEHR

1944	Gründung der International Civil Aviation Organisation
1945	Gründung der International Air Transport Association
1958	Inkrafttreten der Römischen Verträge
1962	Verordnung (EWG) Nr. 17/62 zur Durchführung der Art. 85 und 86 EGV; der Transportbereich unterlag nicht dem Anwendungsbereich der Verordnung
1969	Ende der Übergangsphase
1974	Entscheidung des EuGH („Seeleute-Urteil")[154]
1977–1984	Deregulierung in den USA Reform der IATA
1978	Der Rat verabschiedet eine Liste mit bevorzugten Vorhaben im Bereich des Luftverkehrs.
1979	Erste direkte Wahl des Europäischen Parlaments Erstes Memorandum der Kommission zum Luftverkehr
1980	Das Parlament betont die Notwendigkeit, Art. 85 und 86 EGV auf die Luftverkehrsindustrie anzuwenden. Sterling Airways bringt eine Beschwerde gegen SAS vor, die von der Kommission gemäß Art. 89 EGV untersucht wird.
1981	Erster Vorschlag der Kommission, Artikel 85 und 86 EGV auf den Luftverkehr anzuwenden.
1982	Das Parlament befürwortet den Vorschlag der Kommission – geringe Fortschritte im Rat.
1983	Untätigkeitsklage des Europäischen Parlaments gegen den Rat wegen des Versäumnisses, eine gemeinsame Politik auf dem Gebiet des Verkehrs einzuführen.[155]
1984	Das Tribunal de Police legt dem EuGH die Frage der Anwendbarkeit des Wettbewerbsrechts auf den Luftverkehr vor. Zweites Memorandum der Kommission zum Luftverkehr

[154] EuGH, Urt. v. 04.04.1974, Rs 167/73, Slg. 1974, 359
[155] EuGH, Urt. v. 22.05.1985, Rs 13/83, Slg. 1985, 1513

1985	Weißbuch der Kommission zur Verwirklichung des Binnenmarktes wird dem Rat vorgelegt.
1986	Vorlage des Ahmed Saeed-Falles zum EuGH zur Anwendbarkeit der Artikel 85, 86 und 90 EGV auf den Luftverkehr Die Einheitliche Europäische Akte (EEA) wird unterzeichnet. Der EuGH entscheidet in Sachen Nouvelles Frontières und damit für die Anwendbarkeit der Wettbewerbsregeln auf den Luftverkehr.
1987	Das erste Liberalisierungspaket wird verabschiedet.
1989	Entscheidung des EuGH in Sachen Ahmed Saeed, zugleich Bestätigung der Nouvelles Frontières-Entscheidung
1990	Das zweite Liberalisierungspaket wird verabschiedet.
1993	Das dritte Liberalisierungspaket wird verabschiedet.
1999	Ground Handling Richtlinie wird verabschiedet.
2002	Der EuGH verkündet die Open-Skies-Entscheidung.
2003	Erklärung der Kommission, das dritte Liberalisierungspaket zu reformieren. Verordnung (EWG) Nr. 1/2003 tritt in Kraft.
2004	Verordnung (EWG) Nr. 411/2004 tritt in Kraft.
2006	Erlass der Verordnung (EG) Nr. 1459/2006, vgl. Anhang K „Verordnung (EG) Nr. 1459/2006 der Kommission“, S. 117

Quelle: DEMPSEY, European Aviation Law,
Übersetzung und Ergänzung durch Verfasser

H ABLAUF DES ANHÖRUNGSVERFAHRENS

08.02.2001	GD Wettbewerb veröffentlicht erstes Konsultationspapier
30.04.2001	Stellungnahme der IATA
30.06.2004	GD Wettbewerb veröffentlicht weiteres Konsultationspapier, offizieller Beginn des Anhörungsverfahrens
06.09.2004	Antwort der IATA
22.12.2004	weitere Ausführungen der IATA
16.02.2005	Stellungnahme der IATA zum posted-prices-System
März 2005	Diskussionspapier der Kommission
04.04.2005	Antwort der IATA
16.11.2005	Entwurf der Verordnung
18.03.2006	Ende der Konsultation
28.09.2006	Erlass der Verordnung (EWG) Nr. 1459/2006, vgl. Anhang K „Verordnung (EG) Nr. 1459/2006 der Kommission", S. 117

Quelle: eigene Darstellung Verfasser

I VERORDNUNG (EWG) NR. 2409/92 DES RATES

vom 23. Juli 1992

über Flugpreise und Luftfrachtraten

DER RAT DER EUROPÄISCHEN GEMEINSCHAFTEN —

gestützt auf den Vertrag zur Gründung der Europäischen Wirtschaftsgemeinschaft, insbesondere auf Artikel 84 Absatz 2,

auf Vorschlag der Kommission,[1]

nach Stellungnahme des Europäischen Parlaments,[2]

nach Stellungnahme des Wirtschafts- und Sozialausschusses,[3]

in Erwägung nachstehender Gründe:

Es ist von Bedeutung, gemäß Artikel 8a des Vertrages bis zum 31. Dezember 1992 eine Luftverkehrspolitik für den Binnenmarkt festzulegen.

Der Binnenmarkt umfasst einen Raum ohne Binnengrenzen, in dem der freie Verkehr von Waren, Personen, Dienstleistungen und Kapital gewährleistet ist.

Die Richtlinie 87/601/EWG des Rates vom 14. Dezember 1987 über Tarife im Fluglinienverkehr zwischen Mitgliedstaaten[4] und die Verordnung (EWG) Nr. 2342/90 des Rates vom 24. Juli 1990 über Tarife im Linienflugverkehr[5] bilden erste Schritte zur Verwirklichung des Binnenmarktes bezueglich der Flugpreise.

Normalerweise sollte das freie Spiel der Marktkräfte die Höhe der Flugpreise bestimmen.

---

[1] ABl. Nr. C 258 vom 4.10.1991, S. 15.
[2] ABl. Nr. C 125 vom 18.5.1992, S. 150.
[3] ABl. Nr. C 169 vom 6.7.1992, S. 15.
[4] ABl. Nr. L 374 vom 31.12.1987, S. 12.
[5] ABl. Nr. L 217 vom 11.8.1990, S. 1.

Die freie Preisbildung sollte durch geeignete Sicherungsmaßnahmen zum Schutz der Interessen der Verbraucher und der Industrie ergänzt werden.

Alle Fragen der Preisbildung sollen in ein und derselben Verordnung behandelt werden.

Diese Verordnung ersetzt die Verordnung (EWG) Nr. 2342/90 und Teile der Verordnung (EWG) Nr. 294/91 des Rates vom 4. Februar 1991 über den Betrieb von Luftfrachtdiensten zwischen Mitgliedstaaten[6] –

HAT FOLGENDE VERORDNUNG ERLASSEN:

Artikel 1

(1) Diese Verordnung regelt Kriterien und Verfahren für die Aufstellung von Flugpreisen und Luftfrachtraten für Beförderungen im Flugverkehr ausschließlich innerhalb der Gemeinschaft.

(2) Unbeschadet des Absatzes 3 findet diese Verordnung keine Anwendung auf

a) Flugpreise und Luftfrachtraten der Luftfahrtunternehmen, die keine Luftfahrtunternehmen der Gemeinschaft sind;

b) Flugpreise und Luftfrachtraten, die im Einklang mit der Verordnung (EWG) Nr. 2408/92 des Rates vom 23. Juli 1992 über den Zugang von Luftfahrtunternehmen der Gemeinschaft zu Strecken des innergemeinschaftlichen Flugverkehrs[7] im Rahmen gemeinwirtschaftlicher Verpflichtungen festgesetzt werden.

(3) Nur Luftfahrtunternehmen der Gemeinschaft dürfen neuartige Leistungen oder Flugpreise, die niedriger als die für identische Leistungen sind, anbieten.

---

[6] ABl. Nr. L 36 vom 8.2.1991, S. 1.

[7] Siehe Seite 8 dieses Amtsblatts.

Artikel 2

Im Sinne dieser Verordnung bedeutet:

a) „Flugpreise“ die in Ecu oder in Landeswährung ausgedrückten Preise, die von Fluggästen für ihre Beförderung und die Beförderung ihres Gepäcks im Flugverkehr an Luftfahrtunternehmen oder deren Bevollmächtigte zu zahlen sind, sowie etwaige Bedingungen, unter denen diese Preise gelten, einschließlich des Entgelts und der Bedingungen, die Agenturen und anderen Hilfsdiensten geboten werden;

b) „Sitztarife“ die in Ecu oder in Landeswährung ausgedrückten Preise, die von Charterern für die eigene Beförderung oder die ihrer Kunden einschließlich des Gepäcks im Flugverkehr an Luftfahrtunternehmen zu zahlen sind, sowie etwaige Bedingungen, unter denen diese Preise gelten, einschließlich des Entgelts und der Bedingungen, die Agenturen und anderen Hilfsdiensten geboten werden;

c) „Charterpreise“ die in Ecu oder in Landeswährung ausgedrückten Preise, die von Fluggästen für Dienstleistungen, die in ihrer Beförderung und der ihres Gepäcks im Flugverkehr bestehen oder diese einschließen, an Charterer zu zahlen sind, sowie etwaige Bedingungen, unter denen diese Preise gelten, einschließlich des Entgelts und der Bedingungen, die Agenturen und anderen Hilfsdiensten geboten werden;

d) „Frachtraten“ die in Ecu oder in Landeswährung ausgedrückten Preise, die für die Beförderung von Fracht zu zahlen sind, sowie die Bedingungen, unter denen diese Preise gelten, einschließlich des Entgelts und der Bedingungen, die Agenturen und anderen Hilfsdiensten geboten werden;

e) „Standardfrachtraten“ die Tarife, die das Luftfahrtunternehmen im Regelfall anbieten würde, einschließlich normaler Rabatte;

f) „Flugdienst“ einen Flug oder eine Folge von Flügen zur gewerblichen Beförderung von Fluggästen, Fracht und/oder Post;

g) „Luftfahrtunternehmen“ ein Lufttransportunternehmen mit einer gültigen Betriebsgenehmigung;

h) „Luftfahrtunternehmen der Gemeinschaft“ ein Luftfahrtunternehmen mit einer gültigen, vor einem Mitgliedstaat gemäß der Verordnung (EWG) Nr. 2407/92 des Rates vom 23. Juli 1992 über die Erteilung von Betriebsgenehmigungen an Luftfahrtunternehmen[8] ausgestellten Betriebsgenehmigung;

i) „betroffener Mitgliedstaat/betroffene Mitgliedstaaten“ den oder die Mitgliedstaaten, zwischen denen bzw. in dem oder in denen ein Flugpreis oder eine Luftfrachtrate gilt;

j) „beteiligter Mitgliedstaat/beteiligte Mitgliedstaaten“ den oder die betroffenen Mitgliedstaaten und den oder die Mitgliedstaaten, in dem bzw. in denen den jeweiligen Luftfahrtunternehmen, die den Flugdienst durchführen, eine Betriebsgenehmigung erteilt wurde;

k) „Grundpreis“ den niedrigsten voll flexiblen Flugpreis, der für einfache Flüge und für Hin- und Rückfluege mindestens im gleichen Umfang zum Verkauf angeboten wird wie jeder andere voll flexible Flugpreis für denselben Flugdienst.

Artikel 3

Die von den Luftfahrtunternehmen der Gemeinschaft in Rechnung gestellten Charterpreise, Sitztarife und Frachtraten werden von den Parteien des Beförderungsvertrags frei vereinbart.

Artikel 4

Die in der Gemeinschaft tätigen Luftfahrtunternehmen teilen der Öffentlichkeit auf Anfrage alle Flugpreise und Standardluftfrachtraten mit.

Artikel 5

(1) Die Luftfahrtunternehmen der Gemeinschaft legen ihre Flugpreise unbeschadet dieser Verordnung frei fest.

(2) Der oder die betroffenen Mitgliedstaaten können verlangen, dass die Flugpreise bei ihnen in einer von ihnen vorgeschriebenen Form hinterlegt werden; dabei darf keine Diskriminierung aufgrund der Natio-

[8] Siehe Seite 1 dieses Amtsblatts.

nalität oder der Identität des Luftfahrtunternehmens stattfinden. Es darf nicht verlangt werden, dass die Flugpreise mehr als 24 Stunden (einschließlich eines Arbeitstages) vor ihrem Inkrafttreten zu hinterlegen sind, es sei denn, es handelt sich um eine Angleichung an einen bestehenden Flugpreis, wofür lediglich eine vorherige Mitteilung erforderlich ist.

(3) Ein Mitgliedstaat kann vor dem 1. April 1997 verlangen, dass die Flugpreise für Inlandstrecken, die von nicht mehr als einem Luftfahrtunternehmen, dem er eine Betriebsgenehmigung erteilt hat, oder von zwei Luftfahrtunternehmen, denen er eine Genehmigung zum gemeinsamen Betrieb erteilt hat, bedient werden, länger als einen Arbeitstag, aber nicht länger als einen Monat vor ihrem Inkrafttreten zu hinterlegen ist.

(4) Ein Flugpreis kann in bezug auf den Verkauf und die Beförderung Anwendung finden, solange er nicht gemäß Artikel 6 oder Artikel 7 ausser Kraft gesetzt wird.

Artikel 6

(1) Vorbehaltlich der Verfahren dieses Artikels können die betroffenen Mitgliedstaaten jederzeit entscheiden,

a) einen Grundpreis ausser Kraft zu setzen, der unter Berücksichtigung der gesamten Preisstruktur für die betreffende Strecke sowie anderer einschlägiger Faktoren, einschließlich der Wettbewerbslage, im Verhältnis zu den langfristig voll zugewiesenen einschlägigen Kosten des Luftfahrtunternehmens einschließlich einer angemessenen Kapitalverzinsung zum Nachteil der Benutzer übermässig hoch ist;

b) unter Beachtung des Diskriminierungsverbots weitere Preissenkungen auf einem Markt (sowohl für eine Strecke als auch für ein Streckenbündel) zu untersagen, wenn die Marktkräfte zu einem anhaltenden Verfall der Flugpreise, der sich deutlich von gewöhnlichen jahreszeitlichen Schwankungen abhebt, und damit für alle betroffenen Luftfahrtunternehmen bei den betreffenden Flugdiensten zu umfangreichen Verlusten geführt haben, wobei die langfristig voll zugewiesenen einschlägigen Kosten der Luftfahrtunternehmen zu berücksichtigen sind.

(2) Eine Entscheidung gemäß Absatz 1 ist zu begründen und der Kommission und allen anderen beteiligten Mitgliedstaaten sowie dem oder den betroffenen Luftfahrtunternehmen mitzuteilen.

(3) Teilen innerhalb von vierzehn Tagen nach Eingang der Mitteilung weder ein anderer betroffener Mitgliedstaat noch die Kommission unter Angabe von Gründen ihre Ablehnung aufgrund von Absatz 1 mit, so kann der Mitgliedstaat, der eine Entscheidung gemäß Absatz 1 getroffen hat, das oder die betreffende(n) Luftfahrtunternehmen anweisen, den Grundpreis ausser Kraft zu setzen bzw. auf weitere Preissenkungen zu verzichten.

(4) Bei Meinungsverschiedenheiten kann jeder beteiligte Mitgliedstaat Konsultationen zur Überprüfung der Lage beantragen. Sofern nichts anderes vereinbart worden ist, finden die Konsultationen innerhalb von vierzehn Tagen nach ihrer Beantragung statt.

Artikel 7

(1) Auf Ersuchen eines beteiligten Mitgliedstaates prüft die Kommission, ob eine Entscheidung über ein etwaiges Tätigwerden gemäß Artikel 6 mit den Kriterien des Artikels 6 Absatz 1 vereinbar ist. Der Mitgliedstaat unterrichtet gleichzeitig den oder die übrigen Mitgliedstaaten und das oder die betreffenden Luftfahrtunternehmen. Die Kommission veröffentlicht unverzueglich im Amtsblatt der Europäischen Gemeinschaften eine Mitteilung darüber, dass der oder die Flugpreise zur Überprüfung vorgelegt wurden.

(2) Ungeachtet des Absatzes 1 kann die Kommission auf der Grundlage einer Beschwerde einer Partei, die ein berechtigtes Interesse geltend machen kann, prüfen, ob die Flugpreise mit den Kriterien des Artikels 6 Absatz 1 vereinbar sind. Die Kommission teilt unverzueglich im Amtsblatt der Europäischen Gemeinschaften mit, dass der oder die Flugpreise zur Überprüfung vorgelegt worden sind.

(3) Ein Flugpreis, der zum Zeitpunkt seiner Unterbreitung gemäß Absatz 1 in Kraft war, bleibt während der Überprüfung gültig. Haben jedoch die Kommission oder der Rat in den vorangegangenen sechs Monaten gemäß Absatz 8 entschieden, dass ein ähnlicher oder niedrigerer Grundpreis auf der Strecke zwischen den beiden betreffenden

Städten nicht mit den Kriterien des Artikels 6 Absatz 1 Buchstabe a) vereinbar ist, so bleibt der Flugpreis während der Überprüfung nicht gültig.
Außerdem kann das betreffende Luftfahrtunternehmen im Falle der Anwendung von Absatz 6 während der Überprüfung durch die Kommission keinen Grundpreis festsetzen, der höher ist als derjenige, der unmittelbar vor dem nunmehr zu überprüfenden Grundpreis gültig war.

(4) Nach Konsultationen mit den betroffenen Mitgliedstaaten trifft die Kommission ihre Entscheidung so bald wie möglich, spätestens jedoch 20 Arbeitstage, nachdem sie von dem oder den betreffenden Luftfahrtunternehmen ausreichende Informationen erhalten hat. Die Kommission berücksichtigt alle Informationen, die sie von interessierter Seite erhält.

(5) Legt ein Luftfahrtunternehmen die verlangten Informationen nicht innerhalb der von der Kommission festgesetzten Frist vor oder sind die Informationen unvollständig, so fordert die Kommission die vorzulegenden Informationen durch Entscheidung an; in dieser Entscheidung wird die Art der verlangten Informationen präzisiert und eine für ihre Vorlage angemessene Frist festgesetzt.

(6) Die Kommission kann entscheiden, dass ein gültiger Flugpreis bis zur endgültigen Festlegung ausser Kraft gesetzt wird, wenn ein Luftfahrtunternehmen unzutreffende oder unvollständige Informationen erteilt oder die durch Entscheidung gemäß Absatz 5 festgesetzte Frist für die Vorlage der Informationen nicht einhält.

(7) Die mit Gründen versehene Entscheidung gemäß den Absätzen 4 und 6 wird von der Kommission unverzueglich dem oder

(8) Die betroffenen Mitgliedstaaten können die Entscheidung der Kommission gemäß Absatz 4 binnen eines Monats dem Rat vorlegen. Der Rat kann binnen eines Monats mit qualifizierter Mehrheit anders entscheiden.

(9) Die betroffenen Mitgliedstaaten stellen sicher, dass die Kommissionsentscheidung ausgeführt wird, es sei denn, sie wird noch vom Rat geprüft oder der Rat hat gemäß Absatz 8 anders entschieden.

Artikel 8

Die Kommission berät mindestens einmal jährlich mit Vertretern der Luftverkehrsnutzerverbände in der Gemeinschaft über die Flugpreise und damit zusammenhängende Angelegenheiten; hierfür lässt sie den Teilnehmern zuvor entsprechende Informationen zukommen.

Artikel 9

Die Kommission veröffentlicht zum 1. April 1994 und anschließend in regelmässigen Abständen einen Bericht über die Durchführung dieser Verordnung.

Artikel 10

(1) Die Mitgliedstaaten und die Kommission arbeiten bei der Durchführung dieser Verordnung zusammen, insbesondere beim Sammeln von Informationen für den Bericht gemäß Artikel 9.

(2) Die zur Durchführung dieser Verordnung erteilten vertraulichen Auskünfte fallen unter die Geheimhaltungspflicht.

Artikel 11

Die Verordnung (EWG) Nr. 2342/90 wird aufgehoben.

Artikel 12

Diese Verordnung tritt am 1. Januar 1993 in Kraft.

Diese Verordnung ist in allen ihren Teilen verbindlich und gilt unmittelbar in jedem Mitgliedstaat.

Geschehen zu Brüssel am 23. Juli 1992.

Im Namen des Rates

Der Präsident

J. COPE

J VERORDNUNG (EWG) NR. 1617/93 DER KOMMISSION

vom 25. Juni 1993

zur Anwendung von Artikel 85 Absatz 3 EWG-Vertrag auf Gruppen von Vereinbarungen, Beschlüssen und aufeinander abgestimmten Verhaltensweisen betreffend die gemeinsame Planung und Koordinierung von Flugplänen, den gemeinsamen Betrieb von Flugdiensten, Tarifkonsultationen im Personen- und Frachtlinienverkehr sowie die Zuweisung von Zeitnischen auf Flughäfen

DIE KOMMISSION DER EUROPÄISCHEN GEMEINSCHAFTEN –

gestützt auf den Vertrag zur Gründung der Europäischen Wirtschaftsgemeinschaft,

gestützt auf die Verordnung (EWG) Nr. 3976/87 des Rates vom 14. Dezember 1987 zur Anwendung von Artikel 85 Absatz 3 des Vertrages auf bestimmte Gruppen von Vereinbarungen und aufeinander abgestimmten Verhaltensweisen im Luftverkehr,[1] zuletzt geändert durch die Verordnung (EWG) Nr. 2411/92,[2] insbesondere auf Artikel 2,

nach Veröffentlichung des Verordnungsentwurfs[3],

nach Anhörung des Beratenden Ausschusses für Kartell- und Monopolfragen auf dem Gebiet des Luftverkehrs,

in Erwägung nachstehender Gründe:

(1) Gemäß der Verordnung (EWG) Nr. 3976/87 kann die Kommission Artikel 85 Absatz 3 EWG-Vertrag durch Verordnung auf bestimmte Gruppen von Vereinbarungen, Beschlüssen und aufeinander abgestimmten Verhaltensweisen anwenden, die sich mittelbar oder un-

---

[1] ABl. Nr. L 374 vom 31.12.1987, S. 9.
[2] ABl. Nr. L 240 vom 24.8.1992, S. 19.
[3] ABl. Nr. C 253 vom 30.9.1992, S. 5.

mittelbar auf die Erbringung von Luftverkehrsdienstleistungen beziehen.

(2) Vereinbarungen, Beschlüsse oder aufeinander abgestimmte Verhaltensweisen, die die gemeinsame Planung und Koordinierung von Flugplänen, den gemeinsamen Betrieb von Flugdiensten, Tarifkonsultationen und die Zuweisung von Zeitnischen auf Flughäfen betreffen, sind geeignet, den Wettbewerb einzuschränken und den Handel zwischen Mitgliedstaaten zu beeinträchtigen.

(3) Die gemeinsame Planung und Koordinierung des Flugplans eines Flugdienstes kann zur Aufrechterhaltung von Flugdiensten zu verkehrsschwächeren Tages- oder Jahreszeiten oder auf weniger stark beflogenen Strecken und zum Ausbau von Anschlußverbindungen zum Vorteil der Luftverkehrsnutzer beitragen. Jedoch dürfen Bestimmungen über zusätzliche Flüge weder die vorherige Zustimmung der anderen Beteiligten vorschreiben noch finanzielle Nachteile vorsehen. Auch müssen die Vereinbarungen es jedem Partner erlauben, mit einer angemessen kurzen Kündigungsfrist von den Vereinbarungen zurückzutreten.

(4) Vereinbarungen, aufgrund deren ein kleineres Luftfahrtunternehmen Marketing- und Finanzhilfe von einem anderen Luftfahrtunternehmen erhält, können dem erstgenannten Unternehmen die Aufnahme eines Flugdienstes auf neuen oder verkehrsschwächeren Strecken erleichtern. Um Einschränkungen, die zur Erreichung dieses Ziels nicht unerläßlich sind, zu vermeiden, muß die Dauer eines solchen gemeinsamen Betriebs von Flugdiensten jedoch auf die zur Erlangung eines ausreichenden Geschäftsvolumens notwendige Zeit begrenzt werden. Die Gruppenfreistellung darf nicht für den gemeinsamen Betrieb von Flugdiensten erteilt werden, bei denen von beiden Parteien vernünftigerweise erwartet werden kann, dass sie den Flugdienst unabhängig voneinander betreiben. Diese Bedingungen stehen der Möglichkeit nicht entgegen, gegebenenfalls eine Einzelfreistellung nach Artikel 5 der Verordnung (EWG) Nr. 3975/87 des Rates,[4] zuletzt geändert durch die Verordnung (EWG) Nr. 2410/92,[5]

[4] ABl. Nr. L 374 vom 31.12.1987, S. 1.
[5] ABl. Nr. L 240 vom 24.8.1992, S. 18.

zu beantragen, wenn die Voraussetzungen für eine Gruppenfreistellung nicht erfüllt sind oder die Parteien eine längere Dauer des gemeinsamen Betriebs in Aussicht nehmen müssen.
Eine Einzelfreistellung kann insbesondere dann erteilt werden, wenn die Parteien die durch die Verordnung (EWG) Nr. 2408/92 des Rates[6] gebotenen Marktzutrittsmöglichkeiten nutzen wollen, indem sie Strecken gemeinsam bedienen, die zwar weder neu noch verkehrsschwach sind, jedoch im übrigen die Voraussetzungen der vorliegenden Verordnung erfuellen.

(5) Konsultationen über Flugtarife und Frachtsätze können zur allgemeinen Annahme von Teilstrecken-Flugtarifen und -Frachtsätzen zum Nutzen der Luftfahrtunternehmen und der Luftverkehrsnutzer beitragen. Jedoch dürfen die Konsultationen nicht über das für die Erleichterung des Teilstreckenverkehrs notwendige Maß hinausgehen. Die Verordnung (EWG) Nr. 2409/92 des Rates vom 23. Juli 1992 über Flugpreise und Luftfrachtraten im Flugverkehr[7] beruht auf dem Grundsatz freier Preisgestaltung und schafft daher bessere Voraussetzungen für einen Preiswettbewerb im Luftverkehr. Der Wettbewerb darf dadurch demnach nicht ausgeschaltet werden. Konsultationen über Flugpreise und Frachtraten zwischen Luftfahrtunternehmen können deshalb unter der Voraussetzung vorläufig gestattet werden, dass sie sich auf Flugpreise und Frachtraten beschränken, die zur Entstehung eines Teilstreckenverkehrs führen, dass die Teilnahme daran freiwillig ist, dass sie nicht zu Vereinbarungen über Flugtarife, Frachtsätze oder sonstige Bedingungen führen, dass die Kommission und die Mitgliedstaaten im Interesse der Transparenz Beobachter zu den Konsultationen entsenden können und dass die an den Konsultationen beteiligten Luftfahrtunternehmen zum Teilstreckenverkehr mit allen anderen Beteiligten zu den Tarifen verpflichtet sind, die das befördernde Luftfahrtunternehmen für die fragliche Tarifgruppe anwendet.
Die Kommission wird die Auswirkungen der Tarifkonsultationen auf den Preiswettbewerb auf der Grundlage der Verordnung (EWG) Nr.

[6] ABl. Nr. L 240 vom 24.8.1992, S. 8.
[7] ABl. Nr. L 240 vom 24.8.1992, S. 15.

2409/92 und anhand der Entwicklung der Luftverkehrsindustrie der Gemeinschaft überprüfen und gegebenenfalls die gebotenen Änderungen dieser Freistellungsverordnung während deren Geltungsdauer vornehmen.

(6) Vereinbarungen über die Zuweisung von Zeitnischen auf Flughäfen und die Festlegung der Flugzeiten können die Nutzung der Kapazität der Flughäfen und des Luftraums verbessern, die Luftverkehrskontrolle erleichtern und dazu beitragen, das Angebot an Luftverkehrsdiensten auf den Flughäfen zu staffeln. Der Zugang zu überfuellten Flughäfen muß jedoch möglich bleiben, damit der Wettbewerb nicht ausgeschaltet wird. Um ein hinreichendes Maß an Sicherheit und Transparenz zu gewährleisten, können solche Vereinbarungen nur dann für zulässig erklärt werden, wenn alle beteiligten Luftfahrtunternehmen an den Verhandlungen teilnehmen können und die Zuweisung nach den Grundsätzen der Gleichbehandlung und Transparenz erfolgt.

(7) Gemäß Artikel 4 der Verordnung (EWG) Nr. 3976/87 sollte diese Verordnung für die zum Zeitpunkt ihres Inkrafttretens bereits bestehenden Vereinbarungen, Beschlüsse und aufeinander abgestimmten Verhaltensweisen, sofern sie die Freistellungsbedingungen dieser Verordnung erfuellen, rückwirkend gelten.

(8) In dieser Verordnung sind gemäß Artikel 7 der Verordnung (EWG) Nr. 3976/87 auch die Voraussetzungen festzulegen, unter denen die Kommission die Gruppenfreistellung in Einzelfällen entziehen kann.

(9) Für nach dieser Verordnung automatisch freigestellte Vereinbarungen braucht kein Antrag gemäß Artikel 3 oder 5 der Verordnung (EWG) Nr. 3975/87 gestellt zu werden. Bei Vorliegen ernster Zweifel können die Unternehmen jedoch eine Erklärung der Kommission darüber beantragen, ob ihre Vereinbarungen mit dieser Verordnung in Einklang stehen.

(10) Diese Verordnung steht der Anwendung von Artikel 86 EWG-Vertrag nicht entgegen –

HAT FOLGENDE VERORDNUNG ERLASSEN:

TITEL I GRUPPENFREISTELLUNG

Artikel 1

Artikel 85 Absatz 1 EWG-Vertrag wird gemäß Artikel 85 Absatz 3 unter den in dieser Verordnung genannten Voraussetzungen auf Vereinbarungen zwischen Luftfahrtunternehmen, Beschlüsse von Vereinigungen von Luftfahrtunternehmen und aufeinander abgestimmte Verhaltensweisen von Luftfahrtunternehmen für nicht anwendbar erklärt, sofern sie folgendes betreffen:

- die gemeinsame Planung und Koordinierung des Flugplans eines Flugdienstes zwischen Flughäfen in der Gemeinschaft;
- den gemeinsamen Betrieb eines Linienflugdienstes auf einer neuen oder einer verkehrsschwachen Strecke zwischen Flughäfen in der Gemeinschaft;
- Konsultationen über Tarife für die Beförderung von Fluggästen mit Gepäck und von Fracht im Linienflugverkehr zwischen Flughäfen in der Gemeinschaft oder
- die Zuweisung von Zeitnischen und die Planung von Flugzeiten, soweit sie Flugdienste zwischen Flughäfen in der Gemeinschaft betreffen.

TITEL II BESONDERE VORAUSSETZUNGEN

Artikel 2

Besondere Voraussetzungen für die gemeinsame Planung und Koordinierung der Flugpläne

Die Freistellung für die gemeinsame Planung und Koordinierung des Flugplans eines Flugdienstes ist an folgende Bedingungen geknüpft:

a) Die Planung und Koordinierung dienen dazu,

   i) mittels einer unverbindlichen Absprache ein befriedigendes Angebot an Flugdiensten für verkehrsschwächere Tageszeiten, Jahreszeiten oder Strecken sicherzustellen, oder

ii) mittels einer verbindlichen Absprache Flugpläne, mit denen die Teilstreckenanschlüsse für Fluggäste und Fracht zwischen den von den Teilnehmern angebotenen Flugdiensten erleichtert werden, und die für diese Flugpläne anzubietende Mindestkapazität festzulegen.

b) Die Vereinbarungen, Beschlüsse oder aufeinander abgestimmten Verhaltensweisen enthalten keine Bestimmungen, die mittelbar oder unmittelbar eine Begrenzung der von den Teilnehmern bereitzustellenden Kapazität oder eine Aufteilung der Kapazität vorsehen.

c) Die Vereinbarungen, Beschlüsse oder aufeinander abgestimmten Verhaltensweisen hindern die Luftfahrtunternehmen, die sich an dieser Planung und Koordinierung beteiligen, nicht daran, zusätzliche Flugdienste einzuführen, ohne eine Vertragsstrafe entrichten oder die vorherige Zustimmung der anderen Teilnehmer einholen zu müssen.

d) Die Vereinbarungen, Beschlüsse oder aufeinander abgestimmten Verhaltensweisen hindern die beteiligten Luftfahrtunternehmen nicht daran, sich für künftige Flugplanperioden von dieser Planung und Koordinierung mit einer Kündigungsfrist von längstens drei Monaten zurückzuziehen, ohne eine Vertragsstrafe entrichten zu müssen.

e) Die Vereinbarungen, Beschlüsse oder aufeinander abgestimmten Verhaltensweisen zielen nicht darauf ab, die Flugpläne nichtbeteiligter Luftfahrtunternehmen zu beeinflussen.

Artikel 3

Besondere Voraussetzungen für den gemeinsamen Betrieb von Flugdiensten

Die Freistellung für den gemeinsamen Betrieb von Flugdiensten ist an folgende Bedingungen geknüpft:

a) Der gemeinsame Betrieb besteht darin, dass ein Luftfahrtunternehmen an den Kosten und Einnahmen beteiligt wird, die einem anderen Luftfahrtunternehmen aus einem von ihm betriebenen Linienflugdienst entstehen.

b) i) Während der gesamten vier Flugplanperioden vor Beginn des gemeinsamen Betriebs bestand kein direkter Flugdienst zwischen den beiden betreffenden Flughäfen, oder

ii) die Kapazität auf der von dem gemeinsamen Betrieb bedienten Strecke beträgt nicht mehr als 30 000 Sitze pro Jahr in jeder Richtung oder 60 000 Sitze pro Jahr in jeder Richtung auf Strecken über 750 km, die höchstens zweimal täglich bedient werden.

c) Das den Flugdienst betreibende Luftfahrtunternehmen bietet zusätzlich zum gemeinsam betriebenen Flugdienst auf einem der betreffenden Flughäfen eine Kapazität von nicht mehr als 90 000 Sitzen pro Jahr an.

d) Die Luftverkehrseinnahmen des den Flugdienst betreibenden Luftfahrtunternehmens und jedes anderen Luftfahrtunternehmens mit direkter oder indirekter Mehrheitsbeteiligung an dem den Flugdienst betreibenden Luftfahrtunternehmen betragen im geographischen Anwendungsbereich dieser Verordnung nicht mehr als 400 Millionen ECU pro Jahr.

e) Keine der beiden Parteien wird daran gehindert, zwischen den beiden betreffenden Flughäfen Flugdienste für eigene Rechnung zu betreiben oder die Tarife, die Kapazität und die Flugpläne dieser Flugdienste unabhängig festzulegen.

f) Der gemeinsame Betrieb wird für eine Dauer von höchstens drei Jahren vereinbart.

g) Jede Partei kann den gemeinsamen Betrieb mit einer Kündigungsfrist von höchstens drei Monaten zum Ende einer Flugplanperiode beenden.

Artikel 4

Besondere Voraussetzungen für Tarifkonsultationen im Personen- und Frachtverkehr

(1) Die Freistellung für die Tarifkonsultationen im Personen- und Frachtverkehr ist an folgende Bedingungen geknüpft:

a) Die Teilnehmer beraten sich ausschließlich über Flugtarife und Frachtsätze, die von den Luftverkehrsnutzern unmittelbar an ein teilnehmendes Luftfahrtunternehmen oder an seine zugelassenen Vertreter für die Beförderung von Fluggästen oder für die Flughafen-zu-Flughafen-Beförderung von Fracht im Linienverkehr zu zahlen sind, und über die diese Flugtarife oder Frachtsätze betreffenden Bedingungen. Die Konsultationen dürfen sich nicht auf die Kapazität erstrecken, für die diese Tarife anzuwenden sind.

b) Die Konsultationen dienen der Vereinbarung des Teilstreckenverkehrs, bei dem es Luftverkehrsnutzern möglich sein muss, in bezug auf die Arten von Tarifen oder Sätzen und in bezug auf die Jahreszeiten, die Gegenstand der Konsultationen waren,

i) auf einem einheitlichen Beförderungsdokument einen Flugdienst, der Gegenstand der Konsultationen war, mit Flugdiensten anderer Luftfahrtunternehmen auf deselben Strecke oder auf Anschlußstrecken zu verbinden, wobei die Flugpreise, Frachtsätze und Konditionen des/der den Flugdienst betreibenden Luftfahrtunternehmen(s) anwendbar sind, und

ii) sofern die Bedingungen der ursprünglichen Buchung dies zulassen, die Buchung eines Flugdienstes, der Gegenstand der Konsultationen war, in einen Flugdienst eines anderen Luftfahrtunternehmens auf derselben Strecke zu den Flugpreisen, Frachtsätzen und Konditionen dieses anderen Luftfahrtunternehmens umzuändern,

wobei ein Luftfahrtunternehmen aus sachlichen und nichtdiskriminierenden Gründen technischer oder wirtschaftlicher Art, insbesondere im Zusammenhang mit der Kreditwürdigkeit des Luftfahrtunternehmens, das die Bezahlung für diese Beförderung entgegennehmen würde, eine solche Verbindung und Umbuchung ablehnen kann. In diesem Fall ist letzteres Unternehmen hiervon schriftlich zu unterrichten.

c) Die Flugtarife oder Frachtsätze, die Gegenstand von Konsultationen sind, werden von den teilnehmenden Luftfahrtunternehmen ohne Diskriminierung aus Gründen der Staatsangehörigkeit oder des Wohnsitzes der Fluggäste oder des Ursprungs der Fracht innerhalb der Gemeinschaft angewendet.

d) Die Teilnahme an den Konsultationen ist freiwillig und steht jedem Luftfahrtunternehmen offen, das auf der betreffenden Strecke direkte oder indirekte Flugdienste betreibt oder den Betrieb solcher Flugdienste beabsichtigt.

e) Die Konsultationen binden die Beteiligten nicht, d. h., die Beteiligten behalten nach den Konsultationen das Recht zu unabhängigem Handeln in bezug auf Flugtarife oder Frachtsätze.

f) Die Konsultationen schließen keine Vereinbarung über Entgelte für Agenturen oder sonstige Bestandteile der erörterten Tarife oder Sätze ein.

g) In den Fällen, in denen eine Anmeldung der Flugtarife oder Frachtsätze vorgeschrieben ist, meldet jeder Teilnehmer jeden Flugtarif oder Frachtsatz, der nicht Gegenstand der Konsultationen war, individuell, durch den Teilnehmer selbst, über seinen Anmeldungsvertreter oder über seinen Verkaufsvertreter bei der zuständigen Behörde des betreffenden Mitgliedstaats an.

(2) a) Die Kommission und die betreffenden Mitgliedstaaten sind befugt, Beobachter zu den Tarifkonsultationen zu entsenden. Zu diesem Zweck sind die Luftfahrtunternehmen verpflichtet, den betreffenden Mitgliedstaaten und der Kommission Zeitpunkt, Ort und Gegenstand dieser Konsultationen innerhalb der den Teilnehmern eingeräumten Frist, mindestens jedoch zehn Tage im voraus, mitzuteilen.

b) Die Mitteilung ist zu richten an:
   i) die betreffenden Mitgliedstaaten nach den von den zuständigen Behörden dieser Staaten festzulegenden Verfahren;
   ii) die Kommission gemäß den im Amtsblatt der Europäischen Gemeinschaften zu veröffentlichenden Verfahren.

c) Ein ausführlicher Bericht über die Konsultationen ist der Kommission von den beteiligten Luftfahrtunternehmen oder in deren Namen gleichzeitig mit seiner Übermittlung an die Teilnehmer, jedoch spätestens sechs Wochen nach Durchführung der Konsultationen, vorzulegen.

Artikel 5

Besondere Bestimmungen für die Zuweisung von Zeitnischen und die Planung von Flugzeiten

(1) Die Freistellung für die Zuweisung von Zeitnischen und die Planung von Flugzeiten ist an folgende Bedingungen geknüpft:

a) Die Konsultationen über die Zuweisung von Zeitnischen und die Planung von Flugzeiten stehen allen Luftfahrtunternehmen offen, die ein Interesse an den Zeitnischen bekundet haben, die Gegenstand der Konsultationen sind.

b) Es werden Regeln für den Vorrang festgelegt und ohne Diskriminierung angewendet, die sich also weder direkt noch indirekt auf die Identität der Luftfahrtunternehmen, ihre Nationalität oder die Luftverkehrskategorie beziehen, Sachzwänge und Beschränkungen der Luftverkehrsaufteilungsregeln einzelstaatlicher oder internationaler Behörden berücksichtigen und den Erfordernissen der Fluggäste und des betreffenden Flughafens angemessen Rechnung tragen. Vorbehaltlich des Buchstabens d) können solche Vorrangsregeln die von den Luftfahrtunternehmen aufgrund der Nutzung bestimmter Zeitnischen in der vorangegangenen Flugplanperiode erworbenen Rechte berücksichtigen.

c) Die festgelegten Regeln für den Vorrang werden jedem Interessenten auf Anfrage zugänglich gemacht.

d) Neubewerber im Sinne von Artikel 2 Buchstabe b) der Verordnung (EWG) Nr. 95/93 des Rates[8] erhalten 50 v. H. der neu geschaffenen oder ungenutzten Zeitnischen oder der von einem Luftfahrtunternehmen während oder am Ende der Flugplanperiode aufgegebenen oder der auf sonstige Weise frei gewordenen Zeitnischen, es sei denn, dass die Anträge der Neubewerber sich auf weniger als 50 v. H. belaufen.

e) An den Konsultationen teilnehmende Luftfahrtunternehmen erhalten spätestens zum Zeitpunkt der Konsultationen Zugang zu Informationen über:

- die bestehenden Zeitnischen für alle Luftfahrtunternehmen auf dem Flughafen, aufgeschlüsselt nach Luftfahrtunternehmen und in zeitlicher Reihenfolge;
- beantragte Zeitnischen (Erstanträge), aufgeschlüsselt nach Luftfahrtunternehmen und in zeitlicher Reihenfolge für alle Luftfahrtunternehmen;
- alle zugewiesenen Zeitnischen und die noch nicht beschiedenen Anträge auf Zeitnischen, aufgeschlüsselt nach Luftfahrtunternehmen und in zeitlicher Reihenfolge für alle Luftfahrtunternehmen;
- noch verfügbare Zeitnischen;
- vollständige Angaben über die Zuweisungskriterien.

Bei Ablehnung eines Antrags auf Zuweisung von Zeitnischen hat das Luftfahrtunternehmen Anspruch auf eine Begründung.

(2) a) Die Kommission und die betreffenden Mitgliedstaaten sind befugt, Beobachter zu den Konsultationen über die Zuweisung von Zeitnischen und die Planung von Flugzeiten zu entsenden, die im Rahmen einer multilateralen Zusammenkunft vor jeder Flugplanperiode stattfinden. Zu diesem Zweck sind die Luftfahrtunternehmen verpflichtet, den Mitgliedstaaten und der Kommission Zeitpunkt, Ort und Gegenstand dieser Konsultationen in-

[8] ABl. Nr. L 14 vom 22.1.1993, S. 1.

nerhalb der den Teilnehmern eingeräumten Frist, mindestens jedoch zehn Tage im voraus, mitzuteilen.

b) Die Mitteilung ist zu richten an:
   i) die betreffenden Mitgliedstaaten nach den von den zuständigen Behörden dieser Staaten festzulegenden Verfahren;
   ii) die Kommission gemäß den im Amtsblatt der Europäischen Gemeinschaften zu veröffentlichenden Verfahren.

TITEL III SCHLUSSBESTIMMUNGEN

Artikel 6

Entzug der Gruppenfreistellung

Die Kommission kann gemäß Artikel 7 der Verordnung (EWG) Nr. 3976/87 die Gruppenfreistillung nach dieser Verordnung zurückziehen, wenn sie feststellt, dass Vereinbarungen, Beschlüsse oder aufeinander abgestimmte Verhaltensweisen, die aufgrund dieser Verordnung freigestellt sind, dennoch Wirkungen haben, die mit Artikel 85 Absatz 3 nicht vereinbar oder nach Artikel 86 EWG-Vertrag verboten sind; dies gilt insbesondere in folgenden Fällen:

i) Auf einer Strecke oder einer Streckengruppe, die Gegenstand der Tarifkonsultationen war, besteht kein wirksamer Preiswettbewerb. In diesem Fall wird den an den Tarifkonsultationen über diese Strecken beteiligten Luftfahrtunternehmen die Freistellung für die betreffende Strecke oder Streckengruppe entzogen.

ii) Ein nach Artikel 3 gemeinsam betriebener Flugdienst ist keinem wirksamen Wettbewerb durch direkte oder indirekte Flugdienste zwischen den beiden verbundenen oder zwischen nahegelegenen Flughäfen oder durch andere Verkehrsträger ausgesetzt, die hinsichtlich Geschwindigkeit, Zweckmässigkeit und Preis dem Luftverkehr zwischen den von den beiden verbundenen Flughäfen bedienten Städten vergleichbar sind. Der Entzug gilt in diesem Fall für den gemeinsm betriebenen Flugdienst.

iii) Die Anwendung von Artikel 5 hat nicht bewirkt, dass Neubewerber die erforderliche Anzahl Zeitnischen auf einem überfuellten Flughafen erhalten haben, um einen Flugplan aufzustellen, der sie in die Lage versetzt hätte, einen wirksamen Wettbewerb mit den angestammten Luftverkehrsunternehmen auf beliebigen Strecken von und nach diesem Flughafen aufzunehmen, wodurch der Wettbewerb auf diesen Strecken erheblich eingeschränkt wird. Der Entzug gilt in diesem Fall für die Zuweisung von Zeitnischen auf dem betreffenden Flughafen.

Artikel 7

Inkrafttreten

Diese Verordnung tritt am 1. Juli 1993 in Kraft. Sie gilt bis zum 30. Juni 1998.

Sie gilt rückwirkend für die zum Zeitpunkt ihres Inkrafttretens bereits bestehenden Vereinbarungen, Beschlüsse und aufeinander abgestimmten Verhaltensweisen ab dem Zeitpunkt, zu dem die Voraussetzungen für die Anwendung dieser Verordnung erfuellt waren.

Diese Verordnung ist in allen ihren Teilen verbindlich und gilt unmittelbar in jedem Mitgliedstaat.

Brüssel, den 25. Juni 1993

Für die Kommission

Karel VAN MIERT

Mitglied der Kommission

K VERORDNUNG (EG) NR. 1459/2006 DER KOMMISSION

vom 28. September 2006

über die Anwendung von Artikel 81 Absatz 3 EG-Vertrag auf bestimmte Gruppen von Vereinbarungen und aufeinander abgestimmten Verhaltensweisen betreffend Konsultationen über Tarife für die Beförderung von Passagieren im Personenlinienverkehr und die Zuweisung von Zeitnischen auf Flughäfen

DIE KOMMISSION DER EUROPÄISCHEN GEMEINSCHAFTEN –

gestützt auf den Vertrag zur Gründung der Europäischen Gemeinschaft,

gestützt auf die Verordnung (EWG) Nr. 3976/87 des Rates vom 14. Dezember 1987 zur Anwendung von Artikel 85 Absatz 3 des Vertrages auf bestimmte Gruppen von Vereinbarungen und aufeinander abgestimmten Verhaltensweisen im Luftverkehr[1], insbesondere auf Artikel 2,

nach Veröffentlichung eines Entwurfs dieser Verordnung,[2]

nach Anhörung des Beratenden Ausschusses für Kartell- und Monopolfragen,

in Erwägung nachstehender Gründe:

(1) Seit dem 1. Mai 2004 unterliegt der Luftverkehrssektor den allgemein anwendbaren Bestimmungen der Verordnung (EG) Nr. 1/2003 des Rates vom 16. Dezember 2002 zur Durchführung der in den Artikeln 81 und 82 des Vertrags niedergelegten Wettbewerbsregeln[3].

---

[1] ABl. L 374 vom 31.12.1987, S. 9. Verordnung zuletzt geändert durch die Verordnung (EG) Nr. 411/2004 (ABl. L 68 vom 6.3.2004, S. 1).

[2] ABl. C 42 vom 18.2.2006, S. 15.

[3] ABl. L 1 vom 4.1.2003, S. 1. Verordnung geändert durch die Verordnung (EG) Nr. 411/2004 (ABl. L 68 vom 6.3.2004, S. 1).

(2) Gemäß der Verordnung (EG) Nr. 1/2003 sind Vereinbarungen nach Artikel 81 Absatz 1 EG-Vertrag, die die Voraussetzungen von Artikel 81 Absatz 3 erfüllen, nicht untersagt, und eine vorausgehende Entscheidung ist hierfür nicht erforderlich. Grundsätzlich müssen Unternehmen und Unternehmensvereinbarungen nunmehr selbst ermitteln, ob ihre Vereinbarungen, abgestimmten Verhaltensweisen und Beschlüsse mit Artikel 81 EG-Vertrag zu vereinbaren sind.

(3) Die Verordnung (EWG) Nr. 3976/87 ermächtigt die Kommission, Artikel 81 Absatz 3 EG-Vertrag mit Verordnung auf bestimmte Gruppen von Vereinbarungen, Beschlüssen oder abgestimmten Verhaltensweisen anzuwenden, die sich unmittelbar oder mittelbar auf die Erbringung von Luftverkehrsdienstleistungen auf Strecken zwischen Flughäfen der Gemeinschaft und auf Strecken zwischen der Gemeinschaft und Drittländern beziehen.

(4) Vereinbarungen, Beschlüsse oder aufeinander abgestimmte Verhaltensweisen betreffend Tarifkonsultationen im Personenlinienverkehr, die Zuweisung von Zeitnischen und die Planung der Flugzeiten sind geeignet, den Wettbewerb zu beschränken und den Handel zwischen Mitgliedstaaten zu beeinträchtigen.

(5) Weil derartige Vereinbarungen, Beschlüsse oder aufeinander abgestimmte Verhaltensweisen jedoch den Luftverkehrsnutzern und/oder den Luftfahrtunternehmen Vorteile bringen können, wurde mit Verordnung (EWG) Nr. 1617/93 vom 25. Juni 1993 zur Anwendung von Artikel 85 Absatz 3 EWG-Vertrag auf Gruppen von Vereinbarungen, Beschlüssen oder aufeinander abgestimmten Verhaltensweisen betreffend die gemeinsame Planung und Koordinierung von Flugplänen, den gemeinsamen Betrieb von Flugdiensten, Tarifkonsultationen im Personen- und Frachtlinienverkehr sowie die Zuweisung von Zeitnischen auf Flughäfen[4] erklärt, dass Artikel 81 Absatz 1 EG-Vertrag unter anderem nicht auf bestimmte Vereinbarungen, Beschlüsse oder aufeinander abgestimmte Verhaltensweisen betreffend Tarifkonsultationen und die Zuweisung von Zeitnischen auf Flughäfen für Luftverkehrsdienste zwischen Flughäfen der Gemeinschaft anwend-

[4] ABl. L 155 vom 26.6.1993, S. 18. Verordnung zuletzt geändert durch die Beitrittsakte von 2003.

bar ist. Die Verordnung (EWG) Nr. 1617/93 lief am 30. Juni 2005 aus.

(6) Im Juni 2004 führte die Kommission eine Konsultation über die Neufassung der Verordnung (EWG) Nr. 1617/93 durch, um zu ermitteln, ob die Gruppenfreistellungsverordnung aufgehoben, in ihrer ursprünglichen Form fortgeführt oder in ihrem Anwendungsbereich erweitert werden sollte. Hierzu gingen Erwiderungen vonseiten der Mitgliedstaaten, der Luftfahrtunternehmen, der Reisebüros und der Verbraucherverbände ein.

(7) Angesichts der Ergebnisse der Konsultation und des mit Verordnung (EG) Nr. 1/2003 eingeführten direkt anwendbaren Ausnahmesystems gibt es keine hinreichenden Gründe, mit Verordnung weiterhin zu erklären, dass Artikel 81 Absatz 1 auf Konsultationen über die Zuweisung von Zeitnischen und Vereinbarungen über die Planung von Flugzeiten oder auf Tarifkonsultationen über die Beförderung von Passagieren mit ihrem Gepäck im Linienflugverkehr zwischen Flughäfen der Gemeinschaft nicht anwendbar ist. Der Luftfahrtindustrie sollte jedoch ausreichend Zeit eingeräumt werden, um sich der neuen Lage anzupassen und selbst zu ermitteln, ob ihre Vereinbarungen und Vorgehensweisen mit Artikel 81 EG-Vertrag zu vereinbaren sind, und um diese, falls erforderlich, zu ändern. Da die Verordnung (EWG) Nr. 1617/93 bereits ausgelaufen ist, muss eine neue Gruppenfreistellungsverordnung für eine Übergangszeit erlassen werden.

(8) Vereinbarungen über die Zuweisung von Zeitnischen auf Flughäfen und die Planung von Flugzeiten können die effiziente Nutzung der Flughafenkapazitäten und des Luftraums verbessern, die Luftverkehrskontrolle erleichtern und dazu beitragen, dass die Erbringung von Luftverkehrsdienstleistungen vom Flughafen verteilt wird. Der Zugang zu überlasteten Flughäfen muss möglich bleiben, wenn der Wettbewerb nicht ausgeschaltet werden soll. Um ein zufrieden stellendes Maß an Sicherheit und Transparenz zu gewährleisten, kann Vereinbarungen in dieser Hinsicht nur zugestimmt werden, wenn alle betroffenen Luftfahrtunternehmen an den Verhandlungen teilnehmen können und wenn die Zuweisung auf nichtdiskriminierender und transparenter Grundlage erfolgt.

(9) Eine Gruppenfreistellung sollte bis zum 31. Dezember 2006 für Konsultationen über die Zuweisung von Zeitnischen und Planung von Flugzeiten gewährt werden, wenn davon Luftverkehrsdienste betroffen sind, deren Ursprungs- und/oder Zielort innerhalb der Gemeinschaft liegt. Nach dem 31. Dezember 2006 sollte die Luftfahrtindustrie selbst ermitteln, ob die Vereinbarungen und abgestimmten Verhaltensweisen zwischen Unternehmen und Beschlüsse von Unternehmensvereinbarungen, die von Artikel 81 Absatz 1 EG-Vertrag erfasst werden, die Voraussetzungen von Artikel 81 Absatz 3 erfüllen. Dabei ist u. a. zu berücksichtigen, ob alle betroffenen Luftfahrtunternehmen an den Konsultationen über die Zuweisung von Zeitnischen und die Planung der Flugzeiten teilnehmen können und ob die Konsultationen auf nichtdiskriminierende und transparente Weise geführt werden. Diese Verordnung gilt unbeschadet der Verordnung (EWG) Nr. 95/93 des Rates vom 18. Januar 1993 über gemeinsame Regeln für die Zuweisung von Zeitnischen auf Flughäfen in der Gemeinschaft.[5]

(10) Konsultationen über Passagiertarife können zur Verbreitung von Interlining-Passagiertarifen zum Vorteil der Luftfahrtunternehmen und der Luftverkehrsnutzer beitragen. Diese Konsultationen dürfen jedoch nicht über das Ziel hinausgehen, das Interlining zu erleichtern.

(11) Die Ergebnisse der Konsultation, die von der Kommission im Juni 2004 zur Überarbeitung der Verordnung (EWG) Nr. 1617/93 durchgeführt wurde, lassen erkennen, dass der innergemeinschaftliche Luftverkehrsmarkt sich in einer Weise entwickelt hat, dass die Gewissheit, dass Tarifkonsultationen weiterhin sämtliche Kriterien von Artikel 81 Absatz 3 EG-Vertrag erfüllen, zurückgeht.

(12) Eine Gruppenfreistellung sollte deshalb bis 31. Dezember 2006 für Konsultationen über Tarife zur Beförderung von Passagieren mit ihrem Gepäck im Linienflugverkehr zwischen Flughäfen der Gemeinschaft gewährt werden. Daraufhin sollte die Luftfahrtindustrie selbst ermitteln, ob Vereinbarungen und abgestimmte Verhaltensweisen zwischen Unternehmen und Beschlüsse von Unternehmensverein-

---

[5] ABl. L 14 vom 22.1.1993, S. 1. Verordnung zuletzt geändert durch die Verordnung (EG) Nr. 793/2004 des Europäischen Parlaments und des Rates (ABl. L 138 vom 30.4.2004, S. 50).

barungen, die von Artikel 81 Absatz 1 EG-Vertrag erfasst werden, die Voraussetzungen von Artikel 81 Absatz 3 EG-Vertrag erfüllen.

(13) Seit dem 1. Mai 2004 ist die Kommission ermächtigt, Artikel 81 Absatz 3 EG-Vertrag durch Verordnung auf Luftverkehrsdienste sowohl auf Strecken zwischen der Gemeinschaft und Drittländern als auch auf Strecken zwischen Flughäfen der Gemeinschaft anzuwenden.

(14) Im Gegensatz zum innergemeinschaftlichen Luftverkehr werden die Luftverkehrsdienste zwischen Mitgliedstaaten und Drittländern grundsätzlich durch bilaterale Luftverkehrsabkommen geregelt. Diese Vereinbarungen unterscheiden sich erheblich hinsichtlich ihrer Art und der Einzelheiten der darin festgelegten aufsichtsrechtlichen Anforderungen. Unbeschadet des Gemeinschaftsrechts einschließlich der Verordnung (EG) Nr. 847/2004 des Europäischen Parlaments und des Rates vom 29. April 2004 über die Aushandlung und Durchführung von Luftverkehrsabkommen zwischen Mitgliedstaaten und Drittstaaten[6] wird in Luftverkehrsabkommen häufig der Marktzugang und/oder die Preisgestaltung beschränkt und/oder reguliert, was den Wettbewerb zwischen Luftfahrtunternehmen auf Strecken zwischen der Gemeinschaft und Drittländern behindern könnte. Außerdem wird mit diesen Abkommen häufig die Fähigkeit der Luftfahrtunternehmen eingeschränkt, bilaterale Kooperationsabkommen einzugehen, mit denen den Verbrauchern Alternativen zum Interlining-System des Internationalen Luftverkehrsverbands („IATA") geboten werden.

(15) Auf den Strecken zwischen der Gemeinschaft und Drittländern ist der Anteil von Passagierflugreisen mit Anschlussflug spürbar höher als auf internationalen innergemeinschaftlichen Flügen. Deshalb müssten die durch Tarifkonsultationen gewonnenen Vorteile des Interlining für die Verbraucher auf Strecken zwischen der Gemeinschaft und Drittländern größer sein.

(16) Man kann mit einiger Sicherheit davon ausgehen, dass Konsultationen über Tarife für die Beförderung von Passagieren mit ihrem Gepäck auf Linienflügen zwischen Orten in der Gemeinschaft und Orten in Drittländern derzeitig die Voraussetzungen von Artikel 81 Ab-

[6] ABl. L 157 vom 30.4.2004, S. 7. Berichtigung im ABl. L 195 vom 2.6.2004, S. 3.

satz 3 EG-Vertrag erfüllen. Die Luftverkehrsmärkte verändern sich jedoch schnell. Eine kurzzeitige Gruppenfreistellung sollte deshalb für derartige Konsultationen bis 31. Oktober 2007 erteilt werden.

(17) Die zuständigen Behörden in den Vereinigten Staaten von Amerika und in Australien überprüfen derzeit ihre jeweilige Kartellpolitik in Bezug auf IATA-Tarifkonferenzen. Diese Überprüfungen dürften bis Juni 2007 abgeschlossen sein. Daher empfiehlt es sich, dass die Kommission die Gruppenfreistellung für Passagiertarifkonferenzen für Strecken zwischen der Gemeinschaft und diesen Ländern bis zu diesem Zeitpunkt überprüft.

(18) Es sollten Daten gesammelt werden, damit die Kommission eine bessere Kenntnis der relativen Anwendung der Passagiertarife in den Konsultationen und ihrer relativen Bedeutung für das Interlining im Linienflugverkehr zwischen der Gemeinschaft und Drittländern erhält. Diese Daten sollen die Kommission auch in die Lage versetzen, die Auswirkungen aufsichtsrechtlicher Beschränkungen aufgrund bilateraler Luftverkehrsabkommen eingehender zu ermitteln. Von Luftfahrtunternehmen, die an Konsultationen teilnehmen, sollte deshalb verlangt werden, ab dem 1. Mai 2004 für jede IATA-Flugperiode Daten für sämtliche Tarifklassen zu sammeln, in denen Interlining-Tarife vereinbart werden.

(19) Gemäß Artikel 4 der Verordnung (EWG) Nr. 3976/87 sollte diese Verordnung auf Vereinbarungen, Beschlüsse und abgestimmte Verhaltensweisen, die zum Datum ihres Inkrafttretens bereits bestanden, rückwirkend angewandt werden, sofern sie die darin festgelegten Voraussetzungen für eine Freistellung erfüllen.

(20) Das den Binnenmarkt betreffende Gemeinschaftsrecht im Bereich der Zivilluftfahrt wurde durch das Abkommen über den Europäischen Wirtschaftsraum auf das Gebiet erweitert, das die Gemeinschaft, Norwegen, Island und Liechtenstein umfasst. Deshalb sollten die Flüge zwischen der Gemeinschaft, Norwegen, Island und Liechtenstein so wie innergemeinschaftliche Flüge behandelt werden. Die Rechtsvorschriften der Gemeinschaft werden durch Beschlüsse des Gemeinsamen EWR-Ausschusses auf das durch das EWR-Abkommen abgedeckte Gebiet ausgedehnt. Für die Zwecke dieser Verordnung ist es jedoch erforderlich, festzustellen, dass die für Flüge auf

Strecken zwischen der Gemeinschaft und Drittländern vorgesehene Gruppenfreistellung nicht für Flüge zwischen Orten in der Gemeinschaft und Orten in Norwegen, Island und Liechtenstein gilt.

(21) Mit dem Abkommen zwischen der Europäischen Gemeinschaft und der Schweizerischen Eidgenossenschaft über den Luftverkehr[7] wurde das für den Binnenmarkt relevante Gemeinschaftsrecht im Bereich des Zivilluftverkehrs auf das die Gemeinschaft und die Schweiz umfassende Gebiet ausgeweitet. Solange dieses Abkommen in Kraft bleibt, sollten die Flüge zwischen der Gemeinschaft und der Schweiz deshalb so wie innergemeinschaftliche Flüge behandelt werden. Die Rechtsvorschriften der Gemeinschaft werden durch Beschlüsse des durch das Abkommen eingesetzten Gemeinsamen Ausschusses auf das durch das Abkommen abgedeckte Gebiet ausgedehnt. Für die Zwecke dieser Verordnung ist es jedoch erforderlich, festzustellen, dass die für Flüge auf Strecken zwischen der Gemeinschaft und Drittländern vorgesehene Gruppenfreistellung nicht für Flüge zwischen Orten in den Gemeinschaft und Orten in der Schweiz gilt.

(22) Diese Verordnung ergeht unbeschadet der Anwendbarkeit von Artikel 82 EG-Vertrag –

HAT FOLGENDE VERORDNUNG ERLASSEN:

Artikel 1

Freistellungen

Gemäß Artikel 81 Absatz 3 EG-Vertrag und den Vorschriften dieser Verordnung wird hiermit erklärt, dass Artikel 81 Absatz 1 EG-Vertrag auf Vereinbarungen zwischen Unternehmen im Luftverkehrssektor, Beschlüsse von Vereinigungen und abgestimmte Verhaltensweisen von Unternehmen in diesem Sektor nicht anwendbar ist, die Folgendes bezwecken:

a) die Abhaltung von Konsultationen über die Zuweisung von Zeitnischen und die Planung von Flugzeiten für Luftverkehrsdienstleistungen, deren Ursprungsort und/oder Bestimmungsort in der Gemeinschaft liegt;

[7] Abkommen zwischen der Europäischen Gemeinschaft und der Schweizerischen Eidgenossenschaft über den Luftverkehr (ABl. L 114 vom 30.4.2002, S. 73).

b) die Abhaltung von Konsultationen über Tarife für die Beförderung von Passagieren mit ihrem Gepäck im Linienflugverkehr zwischen Orten in der Gemeinschaft oder zwischen Orten in der Gemeinschaft einerseits und Orten in der Schweiz, Norwegen, Island oder Liechtenstein andererseits;

c) die Abhaltung von Konsultationen über Tarife für die Beförderung von Passagieren mit ihrem Gepäck im Linienflugverkehr zwischen Orten in der Gemeinschaft einerseits und Orten in Australien oder in den Vereinigten Staaten von Amerika andererseits;

d) die Abhaltung von Konsultationen über Tarife für die Beförderung von Passagieren mit ihrem Gepäck im Linienflugverkehr zwischen Orten in der Gemeinschaft einerseits und Orten in Drittländern, die unter Buchstaben b und c nicht genannt sind, andererseits. 3.10.2006 DE Amtsblatt der Europäischen Union L 272/5

Artikel 2

Zuweisung von Zeitnischen und Planung der Flugzeiten

(1) Artikel 1 Buchstabe a ist nur anwendbar, wenn die nachstehenden Voraussetzungen erfüllt sind:

a) Die Konsultationen müssen sämtlichen Luftfahrtunternehmen offen stehen, die ein Interesse an den Zeitnischen bekundet haben, die Gegenstand der Konsultationen sind;

b) es müssen Vortrittsregeln festgelegt und diskriminierungsfrei angewandt werden, die sich weder direkt noch indirekt auf den Namen des Luftfahrtunternehmens, die Nationalität oder die Art der Dienstleistung beziehen; dabei sind die von den zuständigen nationalen oder internationalen Behörden vorgegebenen Einschränkungen oder Luftverkehrsverteilungsregeln zu berücksichtigen und ist den Bedürfnissen der Reisenden und der betroffenen Flughäfen Rechnung zu tragen; vorbehaltlich Buchstabe c können bei den Vortrittsregeln die Rechte berücksichtigt werden, die von Luftfahrtunternehmen durch die Nutzung bestimmter Zeitnischen in der vorangehenden gleichen Flugperiode erworben wurden;

c) Zeitnischen für Neuzugänger im Sinne von Artikel 2 Buchstabe b der Verordnung (EWG) Nr. 95/93 des Rates werden wie folgt zugewiesen:
   i) auf Flughäfen der Gemeinschaft wird ein 50 %-Anteil der neu geschaffenen oder nicht genutzten Zeitnischen und der Zeitnischen zugewiesen, die von einem Luftfahrtunternehmen während oder zum Ende der Flugperiode aufgegeben wurden oder die anderweitig verfügbar geworden sind, um Neuzugänger in die Lage zu versetzen, einen wirksamen Wettbewerb mit den angestammten Luftfahrtunternehmen auf Strecken von und nach dem betreffenden Flughafen aufzunehmen; der Neuzugängern zugewiesene Anteil darf geringer sein als 50 %, wenn weniger als 50 % der Anträge auf Zuteilung neuer Zeitnischen auf die Anträge von Neuzugängern entfallen;
   ii) auf Flughäfen von Drittländern wird ein ausreichender Anteil dieser verfügbaren Zeitnischen zugewiesen, damit ein Zugang auch auf überlasteten Flughäfen für Strecken zwischen diesen Flughäfen und Orten in der Gemeinschaft möglich bleibt;
d) die festgesetzten Vortrittsregeln werden jedem Interessierten auf Ersuchen mitgeteilt;
e) die an den Konsultationen teilnehmenden Luftfahrtunternehmen erhalten spätestens zum Zeitpunkt der Konsultationen Zugang zu den Informationen, die sich auf Folgendes beziehen:
   i) die bisherigen Zeitnischen nach Luftfahrtunternehmen in ihrer zeitlichen Abfolge für sämtliche Luftfahrtunternehmen an einem Flughafen;
   ii) die beantragten Zeitnischen (Erstanträge) nach Luftfahrtunternehmen in ihrer zeitlichen Abfolge für sämtliche Luftfahrtunternehmen;
   iii) die den Luftfahrtunternehmen zugewiesenen Zeitnischen und ausstehenden Anträge auf Zeitnischen in ihrer zeitlichen Abfolge nach Luftfahrtunternehmen und für alle Luftfahrtunternehmen;

iv) die verbleibenden verfügbaren Zeitnischen;

v) alle Einzelheiten zu den bei der Zuweisung angewandten Kriterien;

f) wird einem Antrag auf Zeitnischen nicht stattgegeben, hat das betroffene Luftfahrtunternehmen Anspruch auf Darlegung der dafür maßgeblichen Gründe.

(2) Die Kommission und die betreffenden Mitgliedstaaten sind berechtigt, Beobachter zu den Konsultationen über die Zuweisung von Zeitnischen und Planung der Flugzeiten zu entsenden, die im Rahmen einer multilateralen Zusammenkunft vor jeder Flugperiode abgehalten werden. Die Luftfahrtunternehmen haben den betreffenden Mitgliedstaaten und der Kommission hierzu die gleiche Einladung wie den Teilnehmern mit Angabe des Datums, des Ortes und des Gegenstandes der Konsultationen zu übermitteln. Die Einladung ist spätestens 10 Tage im Voraus an die betreffenden Mitgliedstaaten und an die Kommission zu senden.
Diese Einladung ergeht:

a) an die betreffenden Mitgliedstaaten gemäß den von ihren zuständigen Behörden festzulegenden Verfahren;

b) an die Kommission gemäß den im Amtsblatt der Europäischen Union zu veröffentlichenden Verfahren.

Artikel 3

Konsultationen über die Tarife für die Beförderung von Passagieren

(1) Artikel 1 Buchstaben b, c und d sind nur anwendbar, wenn die nachstehenden Voraussetzungen erfüllt sind:

a) Die Teilnehmer an den Konsultationen besprechen nur die Flugpreise, die von den Luftverkehrsnutzern direkt einem beteiligten Luftfahrtunternehmen oder seinen bevollmächtigten Vertretern für die Beförderung als Passagiere im Linienverkehr gezahlt werden, und die Bedingungen betreffend diese Passagiertarife; die Konsultationen erstrecken sich nicht auf die Kapazität, für die diese Tarife bestimmt sind;

b) die Konsultationen müssen zum Interlining führen, d. h. die Luftverkehrsnutzer müssen in die Lage gesetzt werden, in Bezug auf die Arten von Passagiertarifen und die Flugperioden, die Gegenstand der Konsultationen waren:

   i) auf einem einzigen Flugschein den Flugdienst, der Gegenstand der Konsultationen war, mit Flugdiensten auf denselben oder anschließenden von anderen Luftfahrtunternehmen bedienten Strecken zu kombinieren, wobei die anwendbaren Passagiertarife und Bedingungen von dem/den befördernden Luftfahrtunternehmen festgesetzt werden, und

   ii) eine Umbuchung von einem Flugdienst, der Gegenstand der Konsultationen war, auf einen Dienst auf der gleichen Strecke vorzunehmen, der von einem anderen Luftfahrtunternehmen zu dessen Passagiertarifen und Bedingungen betrieben wird, soweit die Bedingungen für die Erstbuchung dies erlauben;

c) einem Luftfahrtunternehmen ist erlaubt, diese Kombinationen und Umbuchungen aus objektiven und nichtdiskriminierenden Gründen technischer oder wirtschaftlicher Art abzulehnen, insbesondere, wenn das befördernde Luftfahrtunternehmen wegen der Kreditwürdigkeit des Luftfahrtunternehmens Bedenken hat, das die Zahlung für die Beförderung einnimmt; in diesem Fall ist letzteres Unternehmen hiervon schriftlich in Kenntnis zu setzen;

d) die Passagiertarife, die Gegenstand der Konsultationen sind, werden von den teilnehmenden Luftfahrtunternehmen ohne Diskriminierung hinsichtlich der Nationalität oder des Wohnortes der Passagiere angewandt;

e) die Teilnahme an den Konsultationen ist freiwillig und steht jedem Luftfahrtunternehmen offen, das direkte oder indirekte Flugdienste auf der betreffenden Strecke betreibt oder zu betreiben beabsichtigt;

f) die Konsultationen binden die Teilnehmer nicht, d. h., die Teilnehmer müssen das Recht behalten, auch nach den Konsultationen in Bezug auf Passagiertarife unabhängig zu handeln;

g) die Konsultationen führen zu keiner Vereinbarung über Entgelte für Vertreter oder über andere besprochene Tarifbestandteile.

(2) Luftfahrtunternehmen, die an Tarifkonsultationen für Linienpassagierdienste zwischen Orten in der Gemeinschaft und Orten in Drittländern – mit Ausnahme der in Artikel 1 Buchstabe b genannten – teilnehmen, werden Daten in Bezug auf Folgendes erheben:

a) den Anteil der zu den bei den Konsultationen festgesetzten Tarifen ausgegebenen Flugscheine an der Gesamtzahl der im Verkehr zwischen der Gemeinschaft und Drittländern – mit Ausnahme der in Artikel 1 Buchstabe b genannten – ausgestellten Flugscheine;

b) das Ausmaß, in dem die Flugscheine zu den bei den Konsultationen festgesetzten Tarifen für Reisen ausgestellt werden, bei denen der Passagier das Interlining in Anspruch nimmt;

c) das Ausmaß, in dem die Flugscheine nicht zu den bei den Konsultationen festgesetzten Tarifen für Reisen ausgestellt werden, bei denen der Passagier das Interlining in Anspruch nimmt; Diese Daten sind für alle Flugscheinarten und Tarife, die Gegenstand der Konsultationen sind, zu erheben. Sie ermöglichen eine Unterscheidung der verschiedenen Formen der Kooperation zwischen Luftverkehrsunternehmen, die es den Passagieren erlauben, Flugdienste mehrerer Luftfahrtunternehmen mit ein und demselben Flugschein miteinander zu verbinden. Die gesammelten Daten sind der Kommission durch die beteiligten Luftfahrtunternehmen oder in ihrem Namen für jede vollständige IATA-Flugperiode ab dem 1. Mai 2004 bereitzustellen. Die Daten können den zuständigen Behörden der Mitgliedstaaten zur Verfügung gestellt werden.

(3) Die Kommission und die betreffenden Mitgliedstaaten sind berechtigt, Beobachter zu den Konsultationen über Passagiertarife zu entsenden. Zu diesem Zweck teilen die Luftfahrtunternehmen den betreffenden Mitgliedstaaten und der Kommission in gleicher Weise wie

den Teilnehmern das Datum, den Ort und den Gegenstand der Konsultationen mit. Die Einladung ist spätestens 10 Tage im Voraus an die betreffenden Mitgliedstaaten und an die Kommission zu senden. Diese Einladungen ergehen an:

a) die betreffenden Mitgliedstaaten gemäß den von ihren zuständigen Behörden festzulegenden Verfahren;

b) die Kommission gemäß den im Amtsblatt der Europäischen Union zu veröffentlichenden Verfahren. Ein vollständiger Bericht über die Konsultationen ist der Kommission durch die beteiligten Luftfahrtunternehmen oder in ihrem Namen zur gleichen Zeit wie den Teilnehmern, jedoch nicht später als sechs Wochen nach Abhaltung der Konsultationen vorzulegen.

Artikel 4

Inkrafttreten

Diese Verordnung tritt am zwanzigsten Tag nach dem Tag ihrer Veröffentlichung im *Amtsblatt der Europäischen Union* in Kraft. Die Freistellungen gemäß Artikel 1 Buchstaben a und b gelten bis 31. Dezember 2006.

Die Freistellungen gemäß Artikel 1 Buchstabe c gelten bis 30. Juni 2007.

Die Freistellungen gemäß Artikel 1 Buchstabe d gelten bis 31. Oktober 2007.

Diese Verordnung gilt rückwirkend für Vereinbarungen, Beschlüsse und aufeinander abgestimmte Verhaltensweisen, die am Tag ihres Inkrafttretens bestanden, mit Wirkung ab dem Zeitpunkt, an dem die in der Verordnung genannten Voraussetzungen erfüllt waren.

Diese Verordnung ist in allen ihren Teilen verbindlich und gilt unmittelbar in jedem Mitgliedstaat.

Brüssel, den 28. September 2006

Für die Kommission

Neelie KROES

Mitglied der Kommission

LITERATURVERZEICHNIS

Dieses Literaturverzeichnis verweist auf alle Quellen, auf die in dieser Arbeit Bezug genommen wird.

CHRISTOPH ANN. *Deregulierung in der Luft, Monopole auf dem Boden – zur kartellrechtlichen Situation und Problematik der Märkte für Bodendienste auf deutschen Verkehrsflughäfen.* In *BB 1993*, Beilage 16 zu Heft 23, 1 ff., 1993. Zitat auf Seite 69.

ANDREAS ARNDT. *Die Liberalisierung des grenzüberschreitenden Luftverkehrs in der EU – eine quantitative Analyse der Wohlfahrtswirkungen und des Anbieterverhaltens.* Frankfurt am Main, 2004. Zitat auf Seite 69.

JÜRGEN BASEDOW. *Wettbewerb auf den Verkehrsmärkten – eine vergleichende Untersuchung zur Verkehrspolitik.* Heidelberg, 1989. Zitat auf Seite 69.

JUTTA MARIA BAUMANN. *Die Luftverkehrspolitik der Europäischen Union.* Tübingen, 1993. Zitat auf Seite 69.

THOMAS BRUNN. *Die EG-Kartellverfahresverordnung 1/2003 und ihre Auswirkungen auf die Gruppenfreistellungsverordnungen und die Entzugsverfahren der Vertikal-GVO.* Frankfurt am Main, 2004. Zitat auf Seite 59, 71.

MANFRED DAUTZENBERG. *Der britisch-amerikanische Kartellrechtsstreit um die IATA-Flugtarife aus dem Blickwinkel des Protection of Trading Interests Act 1980.* Berlin, 1987. Zitat auf Seite 25, 32.

PAUL STEPHEN DEMPSEY. *European Aviation Law.* Den Haag, 2004. Zitat auf Seite 85, 87, 92.

RIGAS DOGANIS. *Flying Off Course – the Economics of International Airlines.* Malta, 3. Auflage, 2003. Zitat auf Seite 35, 36, 38.

AXEL VON EINEM. *Die Liberalisierung des Marktes für Bodenabfertigungsdienste auf den Flughäfen in Europa.* Frankfurt am Main, 2000. Zitat auf Seite 69.

GUY GANSFORT. *Luftverkehrsrecht im Wandel.* In MÜLLER-ROSTIN und SCHMID (1997), S. 77 ff. Zitat auf Seite 46.

ELMAR GIEMULLA und HEIKO VAN SCHYNDEL. *Rechtsprobleme des „Code-Sharing".* In *TranspR*, S. 253 ff., 1997. Zitat auf Seite 46.

THOMAS GÖTTING. *Code-Sharing – rechtliche Betrachtung einer Kooperationsform im Luftverkehr.* Frankfurt am Main, 2003. Zitat auf Seite 18, 46.

ANDREAS GRAN. *Die IATA aus der Sicht des deutschen Rechts.* Frankfurt am Main, 1998. Zitat auf Seite 18, 35.

HELMUT GRÖNER, Hrsg. *Regulierung und Wettbewerb im europäischen Luftverkehr*, Berlin, 1989. Zitat auf Seite 21, 23, 29, 30, 31, 37, 134.

MARTIN HAGLEITNER. *Strategische Allianzen von Airlines im Lichte des Europarechts.* Aachen, 1998. Zitat auf Seite 18, 53.

ULRICH IMMENGA und ERNST-JOACHIM MESTMÄCKER, Hrsg. *EG-Wettbewerbsrecht*, Band 1 und 2, Ergänzungsband, Loseblattsammlung, München, Stand 2001. Zitat auf Seite 19, 21, 23, 25, 33, 34, 35, 39, 40, 51, 52, 56, 60, 61, 62, 63, 68.

ANDREAS KARK. *Die Liberalisierung der europäischen Zivilluftfahrt und das Wettbewerbsrecht der Europäischen Gemeinschaft.* Frankfurt am Main, 1989. Zitat auf Seite 31, 35, 36.

CHRISTIAN KAUFMANN. *Die Kompetenz der europäischen Union zum Abschluss bilateraler Luftverkehrsabkommen.* Linz, 2001. Zitat auf Seite 69.

PETER KEHRBERGER. *IATA und IATA-Agentur – rechtliche und organisatorische Struktur.* In *TranspR*, S. 131 ff., 1996. Zitat auf Seite 35.

GÜNTER KNIEPS. *Deregulierung im Luftverkehr – neuere Theorien und ihre Auswirkungen im Linienverkehr.* Tübingen, 1987. Zitat auf Seite 30, 36, 37.

MARINA KÖSTER. *ICAO and the Economic Environment of Civil Aviation. The Impact of the Fifth World-wide Air Transport Conference of 2003 on Challenges and Opportunities of Liberalisation.* In *ZLW 2003*, S. 322 ff., 2003. Zitat auf Seite 28.

ANDREAS LÜCKE. *Bilaterale Luftverkehrsabkommen im Lichte des Gemeinschaftsrechts.* Frankfurt am Main, 2000. Zitat auf Seite 30, 32.

ULRICH LOEWENHEIM, KARL M. MEESSEN und ALEXANDER RIESENKAMPFF, Hrsg. *Kartellrecht*, München, 2005. Zitat auf Seite 45, 51, 52, 56, 59, 63.

ALEX MEYER. *Freiheit der Luft als Rechtsproblem.* Zürich, 1944. Zitat auf Seite 21.

WOLF MÜLLER-ROSTIN. *Haftung und Versicherung beim Code Sharing.* In *NZV 2002*, S. 68 ff., 2002. Zitat auf Seite 46.

WOLF MÜLLER-ROSTIN und RONALD SCHMID, Hrsg. *Festschrift für Werner Guldimann*, Neuwied, 1997. Zitat auf Seite 132.

JACQUES NAVEAU. *L'Europe et le transport aérien.* Paris, 1983. Zitat auf Seite 32.

HEINRICH PASCHER. *Die U.S.-amerikanische Deregulation Policy im Luftverkehrs- und Bankenbereich.* Frankfurt am Main, 1987. Zitat auf Seite 36.

MICHAEL PAULWEBER und ARMIN WEINAND. *Europäische Wettbewerbspolitik und liberalisierte Märkte.* In *EuZW 2001*, S. 232 ff., 2001.

WILHELM POMPL. *Luftverkehr – eine ökonomische Einführung.* Berlin, 2. Auflage, 1991. Zitat auf Seite 36.

DAVID ROITMAN. *Reform des EG-Wettbewerbsrechts – die Gruppenfreistellungsverordnung für vertikale Vertriebsvereinbarungen und damit verbundene Aspekte der Verordnung 1/2003.* Hamburg, 2006. Zitat auf Seite 71.

EDGAR RUHWEDEL. *Der Luftbeförderungsvertrag.* Frankfurt am Main, 3. Auflage, 1998. Zitat auf Seite 17, 46.

SABINE SABATHIL. *Lehrbuch des Linienflugverkehrs.* Frankfurt am Main, 4. Auflage, 2002. Zitat auf Seite 18, 22, 38.

FLORIAN C. SCHEIBECK. *Die Außenkompetenzen der EG im internationalen Zivilluftverkehr.* Frankfurt am Main, 1999. Zitat auf Seite 17.

ROLF SCHREIBER. *Die Tarife im Luftverkehr – eine Untersuchung über die Grundlage der Tarifbildung, den Aufbau und die Bedeutung der Tarife in der Luftfahrt.* Nürnberg, 1959.

WALTER SCHWENK und ELMAR GIEMULLA. *Handbuch des Luftverkehrsrechts.* Köln, 3. Auflage, 2005. Zitat auf Seite 17, 18, 21, 22, 23, 24, 25, 26, 27, 28, 29, 30, 31, 32, 34, 35, 37, 43, 81.

WOLFGANG SPECHT. *Die IATA – eine Organisation des grenzüberschreitenden Luftverkehrs und ihre AGB.* Frankfurt am Main, 1973. Zitat auf Seite 35.

ULRICH STEPPLER. *Legal Capacity of IATA under German Law.* In *Air and Space Law,* S. 372 ff., 2005a. Zitat auf Seite 35.

ULRICH STEPPLER. *Die Rechts- und Parteifähigkeit der IATA – Anmerkung zu Urteil des LG Frankfurt vom 17.06.2003 in: RRa 2005, 80 ff. = NJOZ 2005, 4368 ff.* In *RRa 2005,* S. 82 ff., 2005b. Zitat auf Seite 22, 35.

ULRICH STEPPLER. *Conference Report of 6th Symposium of the Institute for Airline Industry Law (IAI).* In *ZLW,* S. 274 ff., 2005c. Zitat auf Seite 35.

GERHARD WIEDEMANN. *Handbuch des Kartellrechts.* München, 1999. Zitat auf Seite 52.

HERMANN WITTE, FRITZ VOIGT und WILHELM LASCHET. *Die Preisbildung im Luftverkehr – theoretische Analyse und quantitative Überprüfung für den internationalen Passagierlinienverkehr.* Berlin, 1982. Zitat auf Seite 22, 23, 24, 35.

MARKUS WITTMANN. *Die Liberalisierung des Luftverkehrs in der Europäischen Gemeinschaft.* Konstanz, 1994. Zitat auf Seite 30, 36.

P. WOLF. *Die Grundregeln des Wettbewerbs im Luftverkehr.* In GRÖNER (1989). Zitat auf Seite 21, 23, 29, 30, 31, 37.

NIKOLAS VON WRANGEL. *Globalisierungstendenzen im internationalen Luftverkehr, Entwicklung der Regulierung und Liberalisierung unter Berücksichtigung strategischer Allianzen und des Code-Sharing*. Frankfurt am Main, 1999. Zitat auf Seite 21.

MATERIALIEN

Nachbereitende Tagungsunterlage des INSTITUT FÜR DAS RECHT DER AIRLINE INDUSTRY E. V. (IAI), *6. Symposium mit Grußwort des Director General und CEO der IATA, Giovanni Bisignani*, Frankfurt, 2004.

INTERNATIONAL AIR TRANSPORT ASSOCIATION. *Comments on DG-Competition Consultation Paper Concerning Commission Regulation 1617/93.* Genf, 2004.

CHARLES RIVER ASSOCIATES, NILS VON HINTEN-REED, PAUL MUYSERT. *Annex IV to Comments of IATA on DG Competition Consultation Paper Concerning Regulation 1617/93: "The Restrictive Effects of the IATA Tariff Conferences System: An Economic Assessment".* London, 2004.

CHARLES RIVER ASSOCIATES, NILS VON HINTEN-REED, PAUL MUYSERT. *Annex VI to Comments of IATA on DG Competition Consultation Paper Concerning Regulation 1617/93: "The Extent of Benefits of IATA Interlining: An Economic Assessment".* London, 2004.

RAPID PRESS RELEASES. *Wettbewerb: Konsultationen der Kommission zur Zukunft der IATA-Tarifkonferenzen, IP/05/289.* Brüssel, 2005.

MEMO *on Revision of Block Exemption from the Competition Rules for IATA Conferences*, Memo/06/359. Brüssel, 2006.

INTERNET-QUELLEN

BRITISH AIRWAYS PLC	http://www.british-airways.com
DEUTSCHE LUFTHANSA AG	http://www.lufthansa.com
DIETER VON ELM	http://www.luftrecht-online.de
EUROPÄISCHE UNION	http://www.europa.eu.int
EUROPÄISCHER GERICHTSHOF	http://www.curia.eu.int
FLUGHAFEN MÜNCHEN	http://www.munich-airport.de
IATA	http://www.iata.org
ICAO	http://www.icao.int
INTERNATIONALER WÄHRUNGS-FONDS	http://www.imf.org
MICHAEL SEIPELT	http://www.business-travel.de
ONEWORLD	http://www.oneworld.com
OSTFRIESISCHE LUFTTRANSPORT GMBH	http://www.olt.de
RYANAIR LTD.	http://www.ryanair.com
SKYTEAM	http://www.skyteam.com
STAR ALLIANCE SERVICES GMBH	http://www.staralliance.com

STICHWORTVERZEICHNIS

Fettgedruckte Seitennummern verweisen auf Seiten, die wichtige Informationen über die Einträge enthalten, z. B. die genaue Definition oder eine detaillierte Beschreibung. Normal gesetzte Seitennummern beziehen sich auf Erwähnungen im Text. Kursive Einträge stellen die ausgeschriebene Form von Abkürzungen dar, auf die entsprechend verwiesen wird, vgl. das Abkürzungsverzeichnis auf Seite 13.

INHALT

A

F

G

H

I

K

L

NACHWORT

Die vorliegende Arbeit entstand im Rahmen des Masterstudienganges Business Law (LL. M.) der Fachhochschule Mainz University of Applied Sciences.

Mein Dank gilt Herrn Prof. Dr. Holger Heinbuch für die Betreuung der Masterarbeit, die inhaltlichen Anregungen sowie seine spontane Bereitschaft, das Vorwort zu dieser Publikation zu stellen.

Herrn Prof. Dr. Wilfried Alt danke ich für die freundliche Übernahme des Korreferats.

Bedanken möchte ich mich zudem bei Colin Flynn und Les Bolingbroke, beide IATA Genf, für ideenreiche Diskussionen und Hinweise aus der Praxis.

Schließlich bedanke ich mich herzlich bei meinem Bruder, Dr.-Ing. Martin Steppler, für die Unterstützung bei der Erstellung eines reprofähigen Manuskripts.

Frankfurt am Main, im Juni 2007 Ulrich Steppler

FSC
www.fsc.org
MIX
Papier | Fördert
gute Waldnutzung
FSC® C083411

Kolibri 360 GmbH
Ferdinand-Jühlke-Straße 7
99095 Erfurt, Deutschland
produktsicherheit@kolibri360.de

Druck:
CPI Druckdienstleistungen GmbH
im Auftrag der
Kolibri 360 GmbH
Ferdinand-Jühlke-Str. 7
99095 Erfurt